魂の目的

地上に生まれた　あなただけの理由

如月マヤ 著
Maya Kisaragi

魂の目的

プロローグ

その日、私は早朝の電車に揺《ゆ》られて、ある街に向かっていた。そこでセミナーを行うためだ。

私が伝えるテーマは、いつも変わらない。「魂の目的」だ。

簡単なイメージワークを使うことで自分の魂の性質に触れ、自分がどのような目的を持って今回の人生に生まれてきたのか、何を表現したくて今回の人生を選んできたのかを探る、実践的な内容だ。

「魂の性質」とは、私たちの魂がそれぞれに持っている、ある傾向や好みのことを指す。魂の性質は、全ての転生を通して、その人の人生に表現され、自分の夢を実現化するときの原動力となる。魂の性質を現実生活に活《い》かすことで、魂の目的を、この人生に実現させてゆくことができるのだ。

魂の性質を体感することは、日々の気持ちの浮き沈みの中で感じる、さまざまな違和感を和《やわ》らげる助けともなる。また、魂の目的を人生に実現させるために、この時代・この文化に合った表現方法を工夫《くふう》することは、今回の人生を生きやすくすることにもつながる。そのためのアイディアも、魂の性質に触れることをきっかけにして、自分の内なる源《みなもと》から、自分で取り出すことができる。

私は今までに、このワークを通じて、多くの人の魂の性質に触れてきた。あらためて自分の魂の性質を体感した人たちの、心地《ここち》良さそうな顔を見続けてきた。どの人の魂も、実に個性的で、温かく、力強い。その人がどのような性格で、どのような日常生活を送っていようと、どのようなトラブルを抱《かか》えていようと、この魂の性質が損《そこ》なわれることはない。

私は多くの人に、ぜひ自分の魂の性質に触れてみてほしいと願う。幸せも平和も、この人生を生きる力も、自分の中にすでにあるのだと、確かに分かることができるからだ。

しかし、だからといって、魂の性質に触れることで、あなたの現実がいきなり変わってしまうわけではない。また、魂の目的を実感したからといって、それを義務として背負わなければならないと考える必要もない。

魂の性質に触れて魂の目的を知り、それを実現するきっかけが分かったとしても、それから先は自分の意思で決められる。
もし、あなたがそうしたければ。もし、あなたがその現実を選びたければ。あなたにとって無理のないペースで、周囲との調和も考えながら、常識的に、必要に応じて、穏《おだ》やかに現実を変化させてゆけばいいのだ。自分で選択して実行する力は、私たちの誰もが持っている。

魂の性質に触れ、魂の目的を知るという体験をしてもらうために、私が提案している方法は、実にシンプルなものだ。単純と言っていい。単純なものには大きな利点がある。誰にでもできて、そして、あらゆる方法と結びつくことで、さまざまなジャンルに応用がきくからだ。工夫することによって無限に展開させることができ、もっと良いものへと進化させ続けることができる。簡単で単純なきっかけから始めることで、その人オリジナルの、より良い表現方法を、自分の力で生み出すことができるのだ。どのような物事にも共通して言えることだが、基本で足元を固めてあるからこそ、着実に、望ましい未来を実現することができる。

それに、こうして存在しているからには、魂という言葉を好むと好まざるとにかかわらず、「魂の性質」という、内なる源の部分を持っていない人はいない。誰もが、自分で、魂の性質に触れて魂の目的を知ることができる。これも単純明快だ。

電車が目的の駅に着き、私はセミナー会場へと歩き出した。

セミナーの開始までには、まだ時間がある。通りがかりに公園を見つけて、私はそこに立ち寄った。どこでセミナーをおこなっても、私は、会場で人と会う前に、まず自分のために時間を使う。自分で自分の魂の性質に触れるためだ。

木の下のベンチに腰かけて上を見上げると、木の葉のあいだから空の色が見えた。私は、空の色が移り変わるのを眺《なが》めるのが好きだ。

こうしていると、気持ちがいい。

今までの、いろいろな出来事の中でわだかまっていた心がほぐれ、気負いが消えてゆく。自分を偽《いつわ》ったり、しかたなしに何かを装《よそお》って無理をすることもない。このひとときを、ゆったりとくつろいで……。自分がこの景色の一部に溶けこんで、私が木であり土であり、木が私であり土が私であるようだ。周りのすべてと呼吸が同調しているように感じられる。空気が身体《からだ》の奥まで流れ込み、周りのすべてと循環しあっているように感じられる。心の奥から、身体の奥から、充足感で満たされてゆく……。いつまでもこうしていたい、懐《なつ》かしいような安心感に満たされてゆく……。ほっとして眠りに入るときのように、夢と現実のあいだで、たゆたっているかのようだ。

でも、そろそろ時間だ。

「さてと……」

私は大きく伸びをして、それから公園をあとにした。人と車の行きかう中で、緊張はあるものの、今しがた木の下でくつろいだときの心地良さを、私はずっと感じている。どこか自分の奥深くで、確かに真実だと響《ひび》いている何かが、私の魂が行こうとしている方角を指し示してくれている。私はこの足を使って、時に立ち止まり、時に辺《あた》りを眺めながら、いずれたどり着くその場所へと、歩み続けている。今この瞬間にも。

魂の性質に触れ、魂の目的を知ることで受ける恩恵や心の豊かさを、多くの人や書物が説《と》き、いくつもの「ワーク」が人々に伝えられている。唯一絶対の正しい方法があるわけではない。いずれ行き着く場所は一つでも、そこに至る道は無数にある。私が提案する方法も、数ある選択肢のうちの一つだ。

このワークが、少しでもあなたの生活の役に立ち、あなたにとって、自分のやり方で使えるアイテムになりますように……。

というわけで、よろしければ、ご一緒に。どうぞ、セミナー《魂の目的》へ。

もくじ

第一部　魂の性質

1　意識のグラデーション

こんにちは。

セミナー《魂の目的》にお越しくださいまして、どうもありがとうございます。

本日のカリキュラムは、以下の通りです。

①まず、私たち一人ひとりが使っている「意識」について、あらためて「意識的」になるという考え方に慣れていただくことから始まります。

②それから、その意識の奥をたどって自分の魂の性質にアプローチするための、簡単なイメージワークを行います。

③続いて、その魂の性質を現実生活に活かすための情報を、自分の内なる源から取り

出すワークを試《こころ》みます。

それぞれ、途中で少し解説を加えますが、それは「教え」ではありません。「参考」にしてください。物事は常に進化し続けていますから、このセミナーも、完成し完結したものを伝えるものではありません。今現在お伝えできる範囲で、誰にでも「基礎」として使っていただける内容であることを重視していますので、ここでは、多くの人の事例を基に、特殊すぎない、誰にでも参考にしていただける例を取り上げて解説をしていきます。

そして、このセミナーを参考にして、今日以降、ご自分の力で、自分の内なる源への探求を進めていっていただきたいと思います。それは、今この時を、今日のこの一日を大切に生きることにつながります。そして、あなたが実生活での体験を通して理解し、自《みずか》ら学《まな》んで分かった新しい見解と智恵を、あなたの言葉で、あなたの人生に書き記《しる》していっていただきたいと思います。

あなたの人生においては、あなた自身があなたの導《みちび》き手です。

このセミナーでいちばん大切にしていることは、安心してリラックスしていることです。ほかには何もいりません。このセミナーは、何かの教義や戒律を授《さず》けるものではありませんので、これがあなたの価値をはかる基準にはなりませんし、あなたに何かを強《し》いたりはしません。ここでは、単なる方法の一つを提案しているだけです。

けれど、リラックスすることで自分の魂の性質を体感することができますので、ぜひともリラックスしていただかなければなりません。

絶対に絶対にリラックスしなければならない、というプレッシャーを背負って（笑）、さあ、それでは始めましょう。

まずは、少々理屈っぽいところからです。

私たち一人ひとりの存在の、それぞれの意識を、奥へ奥へとたどってゆくと、内なる源に行き着きます。ユングが「集合的無意識」と表現し、または精神世界の言葉で「ONENESS（ワンネス）」と呼ばれたりする、「すべては一つ」でつながっている場所です。私たちの魂は、その「すべては一つ」である内なる源から、「個」として、肉体を持って現実世界に生まれてきています。

魂がどういうものか、内なる源がどこにあるか、レントゲンやMRIで写るわけではありませんし、肉眼で見たり手で触ったりできるわけではありません。そういう、あいまいなものを言い表すのに都合が良いので、今のところ、「魂」とか「内なる源」という言葉を使っています。なので、将来、もっとフィットする全人類公認の言葉ができたら、その言葉に置き換えてください。

とにかく、魂とか内なる源と言うと、なんとなく語感で分かっていただけそうなのですが、でも、少しだけ、このセミナーにおける定義をしてみましょう。

ここでは、「魂」という言葉を、それぞれの個人において「私を、私という存在たらしめている意識」という意味で使っています。

「内なる源」は、そういう私たちの意識がすべて一つに溶けあっている場所、共有している場所、という意味で使います。

こんなふうにイメージしてみてください。

「個」としてのあなたの側《がわ》から見てみると、あなたという個人の意識は、大海に浮かぶ氷山に例《たと》えることができます。個人の意識の全体の姿は、海面の上に見えている一角だけではなく、さらにそれよりも大きく、奥深く豊かに広がっています。ほかにも無数の氷山があり、すべての氷山が大海を共有しています。大海は、すべての氷山にとって「内なる源」です。

もう一つ、こんなイメージも思い浮かべてみてください。

「すべては一つ」である、内なる源の側から見てみましょう。イメージしやすいように、便宜的に形があったほうがいいですね。上下・左右・裏表の区分にとらわれにくいので、内なる源は、この場合、球体として思い浮かべてみてください。

ある日ある時、この球体のある部分で、たとえば、「幸せだ」という想《おも》いが生まれたとします。その想いは、やがてもっと強くなり、たとえば、「幸せだ！　幸せでありたい！！　そして、自分から湧《わ》き出てくる幸せを、周りの存在たちと分かちあいたい！！！」というように、その想いがとことん強まったとき、その部分は、球体からツノのように、ぴょこっと突き出ます。これが、「個」の意識の誕生です。そして、肉体を持った個人として生まれ出てくるわけです。

ある想いが動機となって今回の人生に生まれてきた個人が、一つの生涯の中で、身体や五感や感情をフルに使い、物理的な世界で現実の体験を重ねます。これを魂の視点から見れば、肉体と感情体を持つことで、実生活を通して学びながら魂の成長を遂げるという意味があります。

ここで着目していただきたいのは、この、球体から突き出たツノ全体についてです。このツノ全体が、あなたの意識を表します。

内なる源に近ければ近いほど、「すべては一つにつながっている」という意識の状態が強まります。内なる源そのものの、「すべては一つ」という意識の状態は、普段《ふだん》私たちが自分で認識している意識の範囲を超えています。

そういう意味で、物事を別な視点から理解するときなどに「神なる眼から見たら……」というように言い表されるのは、それは、このあたりの意識状態のことを指しています。この場合の「神」とは、「人知を超えた」という意味で便宜的に使われている言葉です。

これと逆に、ツノの先端に近づけば近づくほど、「個」としての認識の方が強くなります。肉体を持って現実生活を送っている私たちは「個人」ですから、普段は「個」の意識の方を多く使っています。


次に、意識の状態にはグラデーション（濃淡）がある、と捉《とら》えてみてください。

①まず、完全に「個」だけの部分では、自分だけの都合や自分だけの要求を優先させようとする自己がいます。
②次に、自分だけのことではなく、周囲の人間関係や環境にも少し関心を向けている

自己。

③それから、周りの社会状況に気持ちを向けて、もっと調和や共存を考えなくてはと思い始めている自己。

④もう少し「すべては一つ」に近づいてくると、感情からだけではなく、大局的に人間関係を理解できたり、自分も自然界の一部、地球の一員だと感じたり……。

⑤そして、「すべては一つ」の視点から見たら、表面に現れているすべての出来事には原因と結果があって……という意味から、トータルに物事を理解するようになります。エゴのかたまり～～周囲との関わりを考慮する～～グローバルな感覚～～神なる視点というように、グラデーションがあります。

すべての人に、この意識のグラデーションがあります。

これらの意識の状態は、精神世界の言葉で、高次の自己・低次の自己というように表現されることがあります。「高」「低」の文字のインパクトのせいで、「ああ、私は意識が低くて劣《おと》っているんだ……」と落ち込んでいた人には、これで、そんな必要はないということに気づいていただけたと思います。「私は霊的なステージが高い」と思っていた人は面白くないかもしれませんが、ついでに気づいていただけたらと思います。

エゴであろうと神の眼であろうと、すべての意識状態・すべての視点を、私たちは誰でも、常に、同時に持っているのです。そのすべてを内包しているのが人間です。

私たちは個人であると同時に、すべては一つでつながっています。「すべては一つ」の意識状態を持ちながら、同時に「個」の意識状態も持っています。「すべては一つ」と「個」の関係は、切り離された対極の性質のものどうしではありません。あいだにグラデーションのある、ひとつながりのものなのです。この全体が、その人の意識です。「すべては一つ」でありながら同時に「個」でもある、そういう存在が私たちです。

そして、ある時・ある瞬間にどの意識状態を選ぶか、どの意識を現実の感覚として捉えるか、という「反応」だけが、人それぞれに、その時の状況や心理状態によって異なるだけです。

また、ある瞬間には一つの意識状態を選んではいますが、私たちの魂は、同時に、すべての意識状態の視点から学んでいます。本人が自覚していようと自覚していまいと、です。その時点で自分が選んだ意識以外の、ほかの意識状態からの視点を自覚できるのは、その出来事を通り過ぎたあとからです。

その出来事を体験し、ある意識状態を選んだあと、数分後かもしれませんし数年後かもしれませんが、その間の学びによって成長した自分が過去のその時点を振り返り、その出来事を改めて理解しようとする時です。たとえば、「あの時はそう思ったけれど、今思えば、こういう見方もできるなあ……」といったように、「振り返ってみれば、そういうことだったのだなあ……」と理解を新たにするときです。

どの時点であっても、自分が、何をどのように学んだのかを自覚することで、魂の学びは定着します。人それぞれに学びの種類や順序が違いますから、自分がたどる道すじにおいて、無理なく着実に学ぶことがポイントです。人生の時間を有効に使って、確実な成長を目指したいところです。

たとえば、「心頭滅却すれば火もまた涼し」という境地に至りたいと本気で努力し始めても、「そうはいっても、やっぱり熱いものは熱いしなぁ……」というように、本音と目標とのギャップが大きすぎたら、努力をし続けるのは難しくなるかもしれません。

この場合の「火」とか「涼しい」「熱い」は例えですから、自分の状況にいろいろ置き換えて考えてみることができます。どえらい目標を立てたのはいいけれど、道のりが果てしなさすぎて挫折、という経験を持っている人は多いのではないでしょうか。英語の辞書を丸ごと暗記しようと張り切ると、aで始めてabandonで挫折する、というジョークを聞いたことはありませんか？　無理は禁物です。

熱いものは熱いというのは確かに今の自分の真実ですが、でもいずれは目標の境地に行き着きたい、行き着ける自分でありたい、という心の力が、私たちの精神性を高めます。

また、たとえば、エゴのかたまりの部分では、他人を憎《にく》んだり嫉妬《しっと》したり、自分を正当化しようとやっきになったり、やけになったり自己憐憫《れんびん》におちいったり、と、さまざまな感情の嵐が吹き荒れます。それは当然のことです。人間なのですから、感情があります。その感情のままに当たり散らすことも、選択のうちの一つです。それをぐっとこらえて、できるだけ内なる源に近い意識状態を選ぼうとすることもできます。その過程に学びがあるのです。

自分にとって居心地の悪い感情が起こったとき、時として私たちは、見栄《みえ》の気持ちから、その感情を見ないことにしたり、ないことにしたり、高尚なものに取り繕《つくろ》ったりしがちです。一見すると、そういう努力をすることでスピリチュアル的に自分を高めているようなのですが、実はこういう時、私たちは、人間としての自分の自然な在《あ》りようを否定しています。自己否定とか無価値感といった問題を、新たに増やすことになりかねません。ただでさえ、百八つあると言われる煩悩《ぼんのう》に四苦八苦しているのです。これ以上増えたらどうしますか?

意識のグラデーションの中に、嫌《いや》でもエゴのかたまりの部分はあるのです。その自分の姿を正直に認めて、その上で、それでもできるだけ内なる源に近い意識を選ぼう、とする過程に成長があります。

ここでも大切なのは、背伸びをして、いきなり賢者や聖人になろうとしないことです。ほんの少々、内なる源のある方向に気持ちを向けてみるだけでも、その努力ができたことで自分をほめてあげましょう。

人間誰でも、苦手な人や嫌いな人、そりが合わない人がいて当たり前ですから、無理にいい人になる必要もありませんし、自己犠牲をして他人にむさぼられる必要もありません。それはそれとして、意識のどこか奥深くでは、そういう人たちとも魂どうしは理解しあってつながっているのだなあ、と時々ふっと想いをはせてみると、自然と穏やかになれるのではないでしょうか。

またまた、たとえば、あなたが道を歩いていたところ、通りすがりの他人が、いきなりあなたに殴りかかってきたとします。聡明でスピリチュアル的に敏感なあなたは、意識のグラデーションのうち、どの意識状態を選びますか?

「神なる眼から見たら、これこれこういう因果応報によって、云々……」と深い部分で理解して、殴っていただくこともできます。「高次の自分」的な理解のおかげか、それとも頭を殴られたせいか、「これでカルマが一つ解消されて、ありがたい」と、嬉《うれ》しくなってしまうかもしれません。

ですが、この場合は、できることなら、とりあえず逃げるなり助けを求めるなり、正当防衛の範囲内で応戦するなりして、無事に逃げ切ったほうがいいような気がします。なぜそういうことが起きたのか、何のためにそういう体験をしたのかなど、気がかりなことがあれば、神なる眼からでも、どの意識状態からでも、あとからゆっくり検討することができますから。

仮に、カルマの解消が必要だからこのような体験をするのだと分かったとしても、安全な場所で落ち着いて考えれば、痛くないカルマの解消方法を模索《もさく》することもできます。

今回の人生は一度きりですから、この人生を生きるための、一つだけの肉体や自分の現実生活は、大切に守る必要があります。意識状態は、バランスよく臨機応変に、常識的にセレクトしましょう。

こうやって見てゆくと、毎日の些細《ささい》な瞬間ごとに、私たちは、自覚していようといまいと、ある意識を選んで、それによって現実を体験していることが分かります。

意識のグラデーションの中から、その瞬間にどれを選び出すかという選択には、たった一つの正解があるわけではありません。あなたが選ぶ、一つの「反応」があるだけです。

ここまでのところをまとめます。

「すべては一つ」から生まれ出た個人の意識にはグラデーションがあって、いくつもの視点を含《ふく》んでおり、私たちはその時々に応じて意識の状態を選び、それによって魂は学んでいる、ということを説明してきました。現実生活を生きている人間として、ある意識を選ぶときにはバランスが大切だ、ということも大きなポイントです。

なんとなく、感じをつかんでいただけたでしょうか?

眼に見えない、あいまいな範囲の事柄《ことがら》ですから、理路整然とは説明できません。なので、そこはかとな〜く、なんとな〜く、この感じをつかんでいただけると、次に話が進めやすいのでありがたいのですが……。

「個の意識」と「自分探し」

次は、この意識のグラデーションの中に、その人が生まれてきたもともとの動機である「魂の性質」が溶けこんでいる、ということについてです。

ある人が、「幸せだ！　幸せでありたい！　この幸せを人と分かち合いたい！」という想いで生まれてきたとします。

その人の魂は、肉体を持って生きるこの人生の中で、「幸せである」ことを表現しようと試みます。魂の想いを、この顔・この声・この身体で生きる実生活で表現したいのです。この時代の、この文化・社会の中で、どんなところに、どんなふうに、その魂の性質を表現するでしょうか？

もしかしたらその人は、営業成績は芳《かんば》しくなくても職場のムードメーカーで、社内になくてはならない存在かもしれません。

またもしかしたら、その人は服のコーディネイトが上手《じょうず》で、それにつられて周りの友達も、おしゃれが楽しくなるかもしれません。

あるいは、「人の心を癒《いや》したい！」という想いで生まれてきた人がいたとします。

もしかしたらその人は、医療にたずさわり、健康をサポートすることで、病気で滅入《めい》っていた人の心をなごませるかもしれません。

またもしかしたら、その人は日々の家事で、家族が心からくつろげる環境を、そっと作り上げているかもしれません。

これも、なんとな～く、そこはかとな～く、分かっていただけるでしょうか？

魂の性質を表現する方法は、さまざまです。

たとえば、「生活を便利にすることで活躍したい！」という魂の性質を、今回の人生で、東京－大阪間の時間を短縮する新幹線の開発で表現するかもしれませんし、車椅子《いす》の人が安心して乗れる鉄道システムを作ることで表現するかもしれません。

また、同じ表現方法をする人が皆、同じ魂の性質を持っているとはかぎりません。今回の人生に生まれてきた理由は、人それぞれに違うのです。

たとえば、同じ題材を描いた絵画でも、ある作家の描いたものは観る人をほっとさせ、別な作家が描いた絵は、観る人にエネルギッシュな印象を与える、といったように、それぞれに違いがあります。

あなたには、生まれてきたことに、あなただけの理由と目的があります。

あなたには、その目的をかなえるために、あなただけの方法があります。

表面に現れている形が、何か具体的な職業である必要はありません。ほんの些細な日常の中に、あなたという存在がここに在るという、そのことの中に、あなたの魂の性質がこめられています。魂の性質は、あなたの意識のグラデーションの中に溶けこんでいて、今回の人生を生きるための原動力となってくれているのです。

けれど、人生というやつは、なかなか順風満帆というわけにはいかないことがあります。

「個」の意識のところで、認識できている魂の性質が希薄だったり、現実生活が自分の魂の性質とかけ離れたものである場合には、「今の自分は本当の自分ではない」という感覚や、漠然としたフラストレーションを感じたりすることがあります。

なので、「自分が今回の人生に生まれてきた目的を果たしていないのでは」、という感覚から、魂の目的が何なのかを探すために、自分はここにいるのに、自分以外の外側に「自分探し」に出かけてしまったりする人もいます。

「自分探し」が、いけないわけではありません。「自分探し」をしていると、「自分」を探し出せたときに、実はそれが、自分の中に今までずっとあったものだということに気がつきます。

自分の外側の物事によって引き出されたかのように見えますが、あなたの内側にすでにその性質があったからこそ、外側の同質の物事に共鳴して、あなたは結果的に自分の内側にある「自分」に気がつくのです。

「自分探し」は、「自分」は自分の中に在る、という手応《ごた》えを得るための手段です。

意識的に魂の性質に触れることは、自分の中に在る「自分」をつかむことになりますので、出不精で「自分探し」の旅に出かけるのがおっくうな人には、このセミナーでの方法が役に立つのではないでしょうか。

意識のツノが平らな人の場合

「個」の部分が「すべては一つ」にとても近いとか、ほとんど「すべては一つ」と一緒になっていて、意識のツノが平ら状態《たい》の人がいます。これは、個性がないとか寿命が短いという意味ではありません。普段の「個」の意識の生活の中で、普通に「すべては一つ」を同時に認識している状態です。

こういう人たちには、おおまかに分けて三つの傾向が見られます。必ずどこかに当てはまるというわけではありませんので、目安として参考にしてみてください。

よく見られる三つの傾向とは、①魂の性質と一致した人生の中で、無理な力を入れずに順調にいくつもの夢を実現してゆく人と、②「すべては一つ」という一体感の中で、自分という「個」の位置を保ちにくいと感じる人、それから、③スムースな人生に抵抗したくなる人です。それぞれのタイプを説明すると……。

①順調に夢を実現するタイプの人

順調にいっている人は問題ありません。誰とでも「すべては一つ」でつながりあっている、フレンドリーでオープンな雰囲気のために、時として相手に、「この人、私に気があるんじゃ……」とか、「も、もしかして、ボ、ボクのこと、……好き?」というような誤解をされることがあるかもしれません。けれど、それが問題になるわけではありません。嬉しい誤解だったらチャンスですし、嬉しくない誤解だった場合には慎重になったほうがいい、という程度です。もし問題があるとしたら、せいぜいそんなところでしょうか。

こういう人にも、また改めて自分の魂の性質に触れていただき、魂の性質を体現する人生が素敵《すてき》なものだということの、歩く広告塔になっていただきたいと思います。そういう人に出会うと、嫉妬心からでなく、素直に「ああ、いいなあ」「私もあんなふうになりたいなあ」と思ったりしませんか？　そして、私もあの人のように、自分の人生に夢を実現するとしたら、私の理想は……と想像して、ウキウキした気分になりませんか？

そのように自分の人生の質について想いをめぐらせるとき、その人はすでに、自分の内なる源に触れています。魂の性質と一致した人生を送っている人は、周囲の人に、その人自身の人生の質に眼を向けてもらうという、楽しい影響を与えてくれています。

②「個」の位置を保ちにくい人

自分という「個」の意識と「すべては一つ」とのバランスがとりにくい人は、いろいろなジレンマに陥《おちい》りやすいようです。

たとえば、おいしい食事をしている最中に、楽しい気持ちの一方で、その気持ちと同じくらいか、それ以上に強く、「ああ、今この瞬間にも、地球のどこかで飢《う》えている人が……」という想いが頭をもたげてきたり……。さらにデザートのプリンまで眼の前に置いてあった日には、罪悪感でどっと落ち込んでしまいます。

また、募金箱にお金を入れながら、「ああ、募金が必要な状況は、ほかにも無数にあるのに、自分の力では、すべてに充分な額の援助ができない……」、でも、その気持ちは尊くても、実は今月の自分の生活費のために、その一〇〇円玉が非常に重要だったことにふと気づく「個」の自分がいたりして……。

あるいは、どこで働いていても、「ああ、世界中のいろんな場所で人の手が必要なところがあるのに、私の身体は一つしかないから、一カ所でしか貢献することができない」と苦悩するかもしれません。その結果、「せめて分身の術が使えたら……」と、ちょっと無理な方向に思考が走ってしまうかもしれません。

自分の身体が、地球そのものと一体であるように感じる人もいます。そういう人は、テレビで紛争地域のニュースを見るたびに、自分がダメージを受けているかのように、身体に痛みを感じてしまいます。たいていの場合、市街戦は胃袋のあたりで繰り広げられるので、戦火で荒廃した胃の復興には長い時間がかかります。

この、「すべては一つ」の一体感と、「個」として生きる自分のあいだで悩む人の気持ちには、共感する人が多いかもしれません。誰もが皆、意識のグラデーションの中に「すべては一つ」の感覚を持っているからです。

ですから、誰でも多かれ少なかれ、この世界に課題があることを知ると、何かしなければという気持ちが自然に湧いてきます。でも、その感覚があまりに鋭敏すぎると、「個」を見失ったり、現実の生活に支障をきたしてしまいかねません。

言われるまでもなく自分の魂の目的が分かっていたとしても、「個」を守りつつ魂の目的を達してゆくというバランスをとるために、改めて自分の意識をチェックすることは有効です。

たとえば、おいしく楽しい食事のおかげで元気が出て、しっかり集中して働けば給料アップの可能性も!? そうすれば、募金する余裕にもつながります。生活費の確保と老後の貯《たくわ》えがあればこそ、心おきなくボランティア活動もできるというものです。これは、数ある選択肢のうちの一つですが、あなたは自分の内なる源からアイディアを得て、もっと納得できる方法を編み出し、上手に気持ちを落ち着けることができます。

③スムースな人生に抵抗したくなる人

スムースな人生を生きることに抵抗を感じている人は、折りに触れ、自分の中で自分自身と争《あらそ》っているような感覚におそわれるようです。

たとえば、他人と関わるのはごめんだと思っているのに、なぜか人から相談事をされることが多く、その上なぜか、自分の受け答えが的確なアドバイスになっていて、相手からすごーく感謝されてしまったり……。

動物や子供は苦手だと言っているのに、なぜか犬猫や子供になつかれてしまい、「面倒見がいいのね」とほめられたり、「そういう方面の仕事に向いてるんじゃないの?」と真顔で勧められてしまったり……。

ツボを刺激すると体調が良くなるというのは非科学的な迷信だ、というのが口癖なのに、疲れた顔の友人に会うと、無意識のうちに、ついつい疲労回復のツボを押してあげてしまったり……。

こういう人たちは、心の中で、「本当は私はそんなことはしたくないのに、なんでいつもこうなって、その上それがうまくいくの?」「私は、ほかのことをしたいのに、どうしてそれとは違うことに素質があるの?」というような気持ちでいることが多いようです。傍《はた》から見ると、素直に、うまくいく方法を使って進路を決めたほうが何かと楽なのではないかと思うかもしれませんが、これにはいささか事情があるのです。

私たちの魂は、現実のさまざまな出来事の中で、たくさんの体験をすることで学びます。悩んだり苦しんだり、もがきながら壁を乗り越えてゆく中で学び、魂は成長します。現実を生きるその人が、自分が自分で在ろうとし、自分の魂の性質を現実生活の中にどう活かそうかと苦悩する体験をしているとき、魂は、「あ、今、悩んでる悩んでる。これが生きている醍醐味《だいごみ》というものだ」と、手応えを感じています。

意識のツノが「すべては一つ」と一緒か、そこにとても近い人の場合、内なる源である自分の魂の性質そのものを人生に体現しやすいのですが、あっさりと魂の性質のままに生きてしまうと、自分探しのために葛藤するというような、面白い体験ができません。なので、自分の魂の性質と正反対の質を求めるようなシチュエーションを設定して、そこで自分の本質とのギャップに苦しんでみたい、という演出をすることがあるのです。

相手のことを憎からず思っているからこそ、「さあ、ワタクシをつかまえてごらんなさい。おほほほほー」と、草原やら砂浜やらで走り出してしまうような演出を、自分で自分にしているようなものです。その後のストーリー展開は、もちろんあなたの選択によって決まります。

自分の魂の性質が何を志向しているかを体感しても、現実生活でもっと葛藤していたい、ということも選べますし、自分に降参して素直に生きることも選べます。

「どちらを選ぶのが正解か」、ではなくて、「今、自分が何を選んでいるか」を自覚していれば、気持ちが安定して、安心して葛藤を楽しむことができます。同様に、安心して自分の魂の目的を達してゆくこともできます。

内なる源とつながっていない人の場合

それでは、内なる源とのつながりが途切れてしまっている場合はどうでしょうか。

たとえば、「幸せでありたい！　その幸せを人と分かち合いたい！」という想いを表現するために、ある人は、今回の人生でお金持ちになろうとしたとします。お金持ちになれば、人々を幸せにする技術の開発に資金を援助することもできるし、自分がお金持ちになったノウハウを大勢の人に伝えて、ほかの人にも潤《うるお》ってもらうことができる。それが実現した世の中で生きられることは自分にとっての幸せだ、と考えて。

初々《ういうい》しい気分で順調にスタートしたのはいいけれど、途中から、お金儲《もう》けそのものが目的になってしまい、なぜお金持ちになろうとしたのかという、本来の目的が置き去りになってしまったとしたら……。ふと立ち止まった瞬間に、その人は何を感じるでしょうか。その人は、自分の内に、魂の喜びを感じ取ることができるでしょうか。本来の意味で目的が達せられていれば、自分も他人も幸せになっているはずだったのに……。

似たようなことは、いろいろなところで見られます。平和利用のために託されたエネルギーだったのに兵器にしてしまったり、共存共栄の道を探れたのに殺しあってしまったり……。こんな例を、私たちはたくさん知っています。身近なところにも、小さなものから大きなものまで、たくさんの例を見つけることができます。

世の中は複雑で、単純にハッピーというわけにはいきません。やるせないことではありますが、それは誰にでも分かっています。矛盾をはらんでいないものはないし、偽善的でないものもありません。でも、その中でも、少しでも、たとえほんのわずかでも、理想の気配のする方向へ進み続けようとすることはできます。魂の想いを持ち続けることはできます。

このような人たちにかぎらず、意識的に自分の魂の性質に触れることで、自分の人生の道を順調にたどっているかどうかを確かめることができます。私たちは誰でも、魂の性質でできた、人生の目的という地図を持って、この世に生まれ出てきています。エンジン全開で人生を突き進むのは威勢がよくてけっこうなのですが、時々地図を確かめないと、勘違いに気づかないまま突っ走り、「ここはどこ?」な場所で途方に暮れてしまいかねません。迷ったら遭難です。軌道修正する気力と体力が残っているうちに、このセミナーの方法を試《ため》してみていただきたいと思います。

前置きがたいへん長くなりましたが、あなたの内なる源・魂の性質について、少し興味を持っていただけたことと思います。

自分の意識に意識的になる、という、ややこしいことに慣れてきた感じがしますか？

あなたの内側で、確かに真実だと響いている何かが、あなたを待ち受けてくれているのを、感じられるでしょうか？

それが何なのか、好奇心がかきたてられますか？

自分の内側に触れる体験を楽しめそうですか？

それなら、準備ＯＫです。

次のステップへ行ってみましょう。

第二部

白い部屋

2 「白い部屋」のワーク

魂の性質にストレートに触れて、魂の目的がストレートに分かるのは、単純に考えれば、この人生に生まれる直前の状態です。今回の人生で何をしてどのように生きるかを決めて、あとは生まれ出るのを待つばかり、というあたりのところです。

今回の人生に生まれ出てから日が浅いうちは、「個」としての生活が意識に与える影響が少ないので、魂の想いがまだ新鮮です。なので、子供の頃の感覚を思い出すと、自分の魂がどういう性質を持っているのかに気がつくことがあります。あなたが子供時代に興味があったことや、なりたかった職業、好きだった絵本など、心が惹《ひ》かれた物事があったら、それを思い出してみてください。あなたの魂の性質を、その中に垣間《かいま》見ることができます。

たとえば、秘境に挑《いど》んだ探検家が美しい景色や遺跡を発見する話に心を躍らせて、自分も「古代王国の秘宝を掘り出す」ために、やみくもに畑のすみを掘って遊んでいた子供がいたとします。その子供は、大きくなってから、人々の内側にある魂の性質を掘り起こし、それがどんなに素晴らしい宝であるかをその人に気づいてもらうために、何らかの活動を始めるかもしれません。……これは、私のことですが。

また、たとえば、『しずくのぼうけん』（マリア・テルリコフスカ作　福音館書店）という絵本が大のお気に入りだった子供がいたとします。その子は、バケツから飛び出した一滴の水が、自然の摂理や社会のシステムの中で、水蒸気になったり雨粒や氷になったりしながらも、「私」という意識を変わらずに持っていることが面白いと思って大きくなりました。そして、多くの人に、この「私が私で在る」という意識の力強さに気がついてほしいと、こうしてセミナーを開いたりしているわけです。

「子供の頃に好きだったこと、なりたかったもの」を思い出してみるときには、その物事の中にあなた自身が何を見出すか、というところに焦点をあててください。表面的な形ではなく、その形の中に見出せる「質」「要素」は何か、あなたにとっての「個人的な意味合い」は何か、それを自分自身で汲《く》み取ってください。「自分探し」と同じ要領です。

自分の魂がどういう性質をしていて何を志向しているかは、このように、生まれ出たあとの経験の中からも探ることができます。けれど、生まれてから今までに身につけた社会通念などに影響されて、魂の性質をストレートに汲み取れないことがあるかもしれません。なので、ここでは、いちばん単純に、生まれるのを待っているときの状態に意識を戻してみましょう。今回の人生を選ぶことになった、もともとの想いやフィーリングを思い出してみます。まだ肉体の制限のない、魂そのものだけの状態のところです。簡単なイメージを使うことで、それを思い出すことができます。

このワークでは、「白い部屋」のイメージを使います。床も壁も天井も、何もかも白い部屋の中にいて、今回の人生に生まれるのを待っているところだと仮定します。

なぜ「白」なのかというと、まっさらな白紙状態というイメージによって、今まで自分の頭の中にあった知識や社会通念といった先入観を、いったん手放す効果があるからです。生まれてから今までに、自分の外側からの影響によって身につけた、さまざまな制限をいったん手放して、心や頭の中から力を抜く効果があります。真っ白くて無限に大きい画用紙には、何でも自由に描くことができます。そういう、自由で伸び伸びした気分になるのがポイントです。

そして、この「白い部屋」の中で、生まれ出たらどんなふうに生きたいかを感じてみます。生まれ出たらどんなことでも選べるとしたら、今回の人生をどう生きたいと思うか、それを感じてみます。今回の人生に生まれ出るのを待つのはどんな気持ちか、そのフィーリングを感じてみます。

この、「フィーリング」を感じることが大きなポイントです。後述しますが、**魂の目的を人生に実現してゆくときには、フィーリングとビジョンのバランスが必要となります。**このイメージワークをすることで、フィーリングとビジョンのうち、まずフィーリングの準備が整います。それから、次の、魂の性質を現実生活に活かすきっかけをつかむワーク（後述）でビジョンを手に入れ、フィーリングとビジョンのバランスをとります。こうして、実際に、魂の性質を現実生活に表現し、魂の目的を実現してゆくことになるわけです。

また、このイメージワークは、深い瞑想に入るものではありません。至高や悟《さと》りの境地に至るための瞑想には、良質な指導者が必要ですが、魂の性質に触れることは簡単なことなので、瞑想をしたことがない人でも心配はいりません。

「白い部屋」をイメージするのは、生まれる前の状態だと仮定することのほかに、もう一つ、意識の安全をはかる効果もあります。「白い部屋」にいることをイメージすることで、そこが自分の意識の落ち着き場所となり、意識がさまよい出たり、その隙《すき》に他者からのコントロールに影響されたりすることを防ぐことができます。

自分で、自分の意識がここに在ることが分かっていられる状態を保てると、あとは自分の意識を自由に動かすことができます。それはちょうど、駅から出て目標の建物を見つけたら、あとはどうやって歩けばいいか見当がつくというのに似ています。

個人の意識にはグラデーションがあって、内なる源という広大な場所につながっています。途方もなく広い場所で意識が迷子になってしまわないように、慣れるまでは、いったん、「白い部屋」というイメージを使って、そこを意識の置き場所にしましょう。

魂の性質は、意識のグラデーションで言えば、「すべては一つ」の球体の一部が「ある想い」を強くした、そのエッセンスがいちばん濃い部分です。生まれる前の状態をイメージすることで、その部分に触れます。理解不可能な神秘の世界に意識が潜《もぐ》るわけではなく、自分という存在の内側にすでに持っているエネルギーに触れるだけです。無心であらねば、と構えることもありません。むしろ、自分の内側から湧き出るフィーリングと、好奇心いっぱいで遊ぶつもりになっていてください。ここで何が起こるかについては、先入観を持たずに、自分の内側へのアプローチを、ただそのまま楽しんでください。

要するに、気持ちよくリラックスしていればいいだけです。

リラックスしていると、「白い部屋」というイメージへのこだわりもなくなります。このワークでは、あなたにとって、もっとくつろげる、もっとふさわしいイメージが広がってくることがあります。そのときは、「白い部屋」という形式にはとらわれないでください。あなたの内側から現れてくるイメージが、そのまま展開してゆくほうを優先させてください。自分の内側の、自発的なイマジネーションが用意してくれた、よりくつろぎやすい場所に任《まか》せて、意識をそこに置きます。

たとえば、「白い部屋」のイメージをきっかけにしていても、天井と床がなくて宇宙空間が広がっているとか、白い部屋ではなくて真っ暗で何も見えない場所だとか、部屋ではなくてどこかの風景の中にいるとか、ただ光に包まれている、などなど、ここでの体験は人それぞれに、実にさまざまです。それを、ただそのまま体験してください。どんなに妙なイメージだろうと、常識ではありえない変な光景だろうと、それを、ただそのまま体験してください。そして、見えるものだけではなく、あなたの感覚を自由に伸び伸びと広げて、そこでのフィーリングを、ただそのまま感じ取ってください。

それゆえ、ここで一つ注意していただきたいことがあります。

このようなイメージワークの形式に出会うと、その誘導の文章をそのまま音読してカセットテープに録音し、それに聞き従《したが》いながらワークを試みる人がいますが、このセミナーにおいては、それはおすすめできません。たった一つだけの形式にこだわることで、意識がリラックスできず、ワークでの充分な体験ができないからです。このセミナーで紹介しているイメージワークは、どれも、その人にとって最もふさわしい、自分の内なる導きを道しるべとしてゆくものです。どうぞ、自分の内なる力を、何かの形式によって限定してしまわないでください。

また、もし途中で眠りに入ってしまったら、時間と状況が許せば、そのまま眠ってもかまいません。本当に眠くて睡眠が必要な場合もあれば、あなたの脳が、あなた自身の意識を守るために自分を眠らせてしまう場合もあります。私たちの脳は、瞬時にたくさんの情報を処理していますが、私たちが普段使っている認識力で受け入れきれない情報が入ってきた場合には、頭の中の混乱を避けるために、その理解しきれない情報を意識の表面に引き上げないようにしたり、それに意識を集中させないように、意識のスイッチを眠りに切り替えてしまいます。夢は見たのに覚えていない、というのに似た状態を作り出すのです。

そういうことが起こったときでも、私たちの意識のグラデーションの中では、自分では認識していないだけで、内なる源に近いところほど物事への理解は深まり、魂の学びは進んでいます。内なる源は、そういう意味で確かに、人知を超えた意識状態と言えるかもしれません。その深遠なるあたりを、どうにか自分ではっきりと分かりたい、というもどかしさを感じるかもしれませんが、脳ミソがオーバーヒートしない程度に、少しずつ理解を深めていっていただきたいと思います。

では、このワークの心がまえをまとめます。

①気持ちよくリラックスしていること。
②ここでは「白い部屋」をイメージするように紹介していますが、それにはこだわらずに、自分の内側から湧き出てくる展開に任せること。
③先入観を持たずに、自分の内側へのアプローチを楽しんで、そこでのフィーリング

を感じ取ること。

ワークの流れは、次の通りです。

①リラックスして眼を閉じる。

②「自分は今、今回の人生に生まれるのを待っている状態」だと感じる。

③「生まれたら、したいことは何でも選べる」としたら、どうしたいか、どんな雰囲気で生きたいかを感じる。

以上が、魂の性質に触れる方法です。さあ、それでは気軽な気分で、あなたの内なる源へのアプローチを楽しんでみましょう。

●「白い部屋」のワーク●

　それではまず、あなたの身体を、いちばんリラックスできる形に置いてあげてください。姿勢を正す必要はありません。あなたが自分の身体を楽に感じられれば、それで良いのです。仰《あお》向けに寝転がってもかまいません。

　身体の力を抜いてみましょう。
　ゆっくりと、前後左右に身体を揺らしてみて、あなたの身体が落ち着く形を見つけてください。

　このワークの途中で姿勢を変えたくなったら、その気持ちに任せましょう。

どうすれば今のあなたに最も効果があるか、あなたの身体は知っています。

もし、「もう続けたくない」という気持ちが出てきたら、そこまでにしておきましょう。今のあなたにとって必要なだけの量を、あなたの心は知っています。

このひとときを、あなたが居心地良く過ごせますように……。

それでは、これから、あなたの内なる源に向かいましょう。

ちょっとした、短い旅を楽しむような感じです。

そっと眼を閉じて……。

ゆっくり呼吸をしてください。

鼻からゆっくり空気を吸い込んで、口から吐き出します。

鼻から吸って……、ため息をつくように、口から大きく吐き出します。

ゆっくり吸い込んで……。

肩を落として大きくため息をつくように、ハァーッと息を吐き出します。

息を吐き出すたびに、あなたの中にあった悲しみや怒り、疲れた気持ちが吐き出されてゆきます。

空気を吸い込むたびに、あなたは、穏やかで清らかなエネルギーを吸い込みます。

心と身体のお掃除をしているような感じです。

ゆっくり吸って……大きく吐き出します。
これを何回か繰り返しましょう。

それから、普通の呼吸に戻します。

静かにゆっくりした呼吸をしながら、こんなことを想像してみてください。

あなたは今、白い部屋の中にいます。
何もかも真っ白な部屋の中に、あなたはいます。
あなたは今、今回の人生に生まれるのを待っているところです。

部屋のすみには一つだけドアがあって、そのドアを開けると、今回の人生に生まれ出ます。
でも、今はまだ、ドアは開けないで……。
白い部屋の中で、自由にくつろいでいてください。

そして、あなたはこんなことを想像します。

この人生に生まれ出たら、何でもできる……。何にでもなれる……。

だとしたら、何をしたい?
どんなふうに生きてみたい?

何でも選べる……。

何でもできる……。
だとしたら、どうしたい？

ここでもう一度……。
ゆっくり息を吸い込んで……大きく息を吐き出します……。
身体の力を抜いて。
静かな呼吸に戻してください。

そして、しばらく、この雰囲気の中にひたっていてください。
ゆったりと……たゆたうように……。
好きなだけ、この気分を感じとります。

（ここで充分な時間を過ごしてください）

それでは、ゆっくりと、現実の自分の身体の中に意識を戻しましょう。

静かに呼吸をしながら……。

そっと眼を開けて。

腕や腿《もも》を少しさすって、自分の身体の感覚を意識してください。

現実の自分に戻ってきてください。

しばらくのあいだ、この余韻にひたっていてください。

3　ワークを終えて

気分はいかがでしたか？

ぽーっと温かい感じがしましたか？　それとも、爽《さわ》やかな風に吹かれていたみたいだったでしょうか？　幸せな感覚にゆったりひたっていたかもしれませんし、ウキウキした気分で動き回りたくなったかもしれません。

どんな感覚でも、ここで感じたフィーリングが、あなたの魂の性質です。フィーリングはなくても、色や光、何かのイメージ映像で受け取る場合も多いので、それはこれから順に説明してゆきます。

その前に、まず、このワークがうまくいかなかったのではないかと思っている人の、不安を解消しておきましょう。

このワークがうまくいったことを示すバロメーターが、一つあります。それは、このワークの最中に、あなたが、たゆたうような気分でいたかどうかです。椅子に座っていたとしたら、その椅子の感触を感じ取る手足や背中、といった自分の肉体の感覚がなくなって、ぽわーんと心地良い状態になっていましたか？

それが、充分にリラックスして、内なる源にいることの証《あかし》です。あらゆるしがらみから解き放たれた、最も混じりけのない、中立でピュアな状態です。あなたは、魂そのものの自分になっています。

そして、このときに体感するフィーリングが、あなたの魂の性質です。

魂の性質に触れることは、こんなに簡単なのです。

魂の性質は、自分の外側のどこか別な場所にあるものではありません。自分の内側にある、自分という存在そのものの源です。自分そのものなのですから、いちばん簡単に、手を伸ばすまでもなく触れられるものなのです。そして、触れるまでもなく、その感覚と一体になれるのです。

でも、ここで時々、ちょっとしたトラブルが発生することがあります。「うーん……」と言ったまま不満そうに顔をしかめる人がいるのです。「こんなはずじゃない。魂の性質に触れることは、もっと神秘的で衝撃的な体験のはずだ。だからこれは魂の性質ではないのだ」と思うらしいのです。

先入観は持たずに自分の内側へのアプローチを楽しみましょう、と言ったはずなのですが、おやまあ、これは一体どうしたことでしょう。

でも、その人によくよく話を聞いてみると、ちゃんと、具体的なビジョンを見ていたり、確かなフィーリングを感じたりしているのです。

魂の性質に触れることは、人生がひっくり返ってしまうようなスリリングな体験ではありません。どちらかと言えば、心温まる懐かしい安堵《あんど》感といったような、つつましく、「静かに熱い」体験となります。なので、期待が大きすぎると、「え？　これだけ？」と物足りなくて、納得しにくい、納得したくないという気持ちになる人もいるのです。それに、これほど簡単に体験できると、神秘性のない、平凡でありきたりな、つまり「特別な」体験ではないのだと、がっかりしてしまうのかもしれません。

こういうことは、精神世界を「勉強」している人に、よく起こります。「体験」しようとしている人には起こりません。

知識を学ぼうとしている人を否定しているのではありませんが、このワークについて理解を深めていただくために、よく聞くこんな例え話を持ち出してみましょう。

一頭のゾウの一部だけを触って、ある人は、実際にはゾウの足を触っているのに「これは柱に違いない」と言い、ある人はゾウの胴体を触って「これは壁だ」と言い、またある人はゾウの尻尾を触って「これはヘビのはずだ」と言う。みんなで議論しているところに、その全体を眺めていた人がやってきて、「これはゾウだよ」と告げる……。

「勉強」だけに偏《かたよ》って頭でっかちになっていると、この例え話に登場する人物のうちの、誰かを演じることになります。より多くの知識があって全体像を指摘できる役柄が、いちばんかっこいいと思いますか？

ところが、魂の性質に触れるというワークは、この話に出てくる誰になるものでもありません。

もう、お分かりですね？

そう、なんと「ゾウになる」が正解です。

この例え話で言えば、自分がこのゾウという存在で在ることに意識的になり、ゾウという体験をしていることに意識的になるのが、魂の性質に触れるワークです。ゾウがなんたるかを、誰かに憶測されたり議論されたり、思い込みで決めつけられたり、したり顔で指摘されなくても、自分で自分がゾウだと「分かる」という体験です。

私たちの魂は、今回の人生を生きる、自分のこの顔・この声・この身体を通して、「私が私で在る」ことを実感し、「私が私で在る」ように生きる、という現実の体験をします。そのことを、今さらながら改めて意識してみるのが、魂の性質に触れて魂の目的を知るワークです。

意識的になるためには、たった一つだけの正しい方法があるわけではありません。そこに至る道はいくつもあるのです。

私が伝える方法は、おそらく、精神世界とか神秘体験といった言葉から想像されるような、どえらいものとは、いちばんかけはなれていることでしょう。

けれど、単純ゆえに誰にでも平等にできる方法で、自分の魂の性質を体感し、それに沿《そ》った生き方をしてゆく中で、古《いにしえ》から語られてきた神秘体験や霊的指導者の言葉の意味を自分の体験として実感できる、いちばんの近道でもあるのです。

現代社会に生きる人間として、日々の生活を決しておろそかにせず、家族や友人たちと共に豊かな時間を過ごす中で、深遠なるものを体感することができるのも、この方法のメリットです。

こんな体験をした人がいました。

その人は、自分の魂の性質に触れたときに、草原に寝そべって空を眺めているときのような、自由で飾り気のない、心が軽くなるフィーリングを感じ取りました。そして、後述する、魂の性質を日常生活に活かすきっかけをつかむワークでは、自分の幼い子供たちを連れて近所の土手を散歩しているビジョンを見ました。

彼は精神世界ファンだったので、神秘体験とはかくあるべきというような、典型的な不思議体験をしたいと望んでおり、そのために、普段から数々の護符を身につけ、高次の存在とつながる瞑想を欠かさず、会社の同僚や家族との関わりも、常に霊的な観点から判断しようと努《つと》めていました。

なので、彼にとって、このワークでの体験はあまりにも期待はずれでした。重々しく厳《おごそ》かな雰囲気でもなく、人間を超越した何かから重要な今生の使命が与えられたわけでもなく、超常現象は起こりもしなかったので、それはそれは、がっかりしてしまいました。彼の考えでは、草原に寝転がっている気分で神秘体験ができるはずはなく、子供と散歩することが霊的修行になるわけがありませんでした。

彼はまたいつもの日常に戻り、子供たちに絵本を読んでとせがまれては、「この物語の中には、超越した存在からのいかなるメッセージが込められていて、それをどのように受け取ればこの子たちの霊的成長のどの部分にどのように役立ち、自分は何の導きによって、この絵本を子供たちに読み聞かせる立場にいるのか？　して、その使命と意味と学びとは?」と、まず瞑想で答えを得てからでないと次の行動を決めるべきではないというような、傍目《はため》にはわりと煩《わずら》わしい感じの日々を送っていました。

なかなか願い通りの神秘体験をできずにいたある日、彼は、あの期待はずれだったワークのことを思い出します。

「これが本当に内なる源からの答えかどうか、試しに、お子さんと一緒にちょっと散歩に出かけてみたらどうですか? 水筒とおにぎりを持って行けば、お金もかかりませんしね。運動不足解消くらいの恩恵はあるはずなので、損にはならないと思いますよ」と、マヤさんとかいう人が言っていたっけ……。妻が夕食の支度《したく》をしてくれているあいだ、子供たちを連れて、ちょっとそこまで行ってみるか……。

初夏の夕暮れの風は気持ちよく、清々《せいせい》とした気分で近所の土手を歩いているうちに、彼はふと、自分の心の軽さに気がつきました。風の感じ、空の色、草と土の匂い……すべてが彼の気持ちにフィットしていました。

このとき彼は、いつものように、「今この瞬間に宇宙が自分に何を伝えようとしているのか」、ということは考えもせず、ただ、ここで手足を伸ばして寝転びたいと思いました。そして、実際にそうしてみたのです。

それから彼は、子供連れだったことが幸いし、誰にも不審者だと思われることなく、子供たちと一緒に思う存分、童心に返って原っぱを転げまわって遊びました。彼にとって、何も考えずに楽しく身体を動かすことは、久しぶりの体験でした。

その夜、遊び疲れた彼は、日課の「夢でハイヤーセルフに出会う瞑想」もせずに、ぐっすり眠りました。

翌朝、いつもより早く、家族が眼を覚ます前に起き出した彼は、一人でお茶を飲みながら、ぼーっとしていました。そこからは、玄関に脱ぎっぱなしの、昨日の泥だらけの靴が見えました。自分の靴の横に、子供たちの小さい靴が並んでいます。

ぼんやりそれを眺めていた彼の眼に、突然、スローモーションの映像のように、その小さい靴が、大きなスニーカーや踵《かかと》の高いサンダルに変わってゆく様が映りました。息子が成長し、娘が成長してゆくその未来を、靴が変化して見せてくれているようでした。

スニーカーで学生時代を過ごした息子が革靴に履き替えて出勤してゆく様……。流行にあわせて靴を選び、やがて伴侶となる人の大きな靴が隣りに並ぶ娘……。自分の手のひらよりも小さな靴を履いていた子供たちが、これからこうやって大人になってゆく……。

そう思った瞬間に、彼には、この子供たちが、どうして自分のところに生まれてきてくれたのかが分かりました。昨日、服も靴も汚して帰った自分を見て、驚いていたけれど眼は笑っていた妻のことも思い浮かべました。彼女とのつながりも、そして、これからもこの家族と共に生きてゆきたい自分の人生も、何がどうなって今があるのか、これからどうしてゆけばいいのか、一瞬ですべてに答えが得られた感覚がありました。

彼がこの体験をしたのはわずかなあいだでしたが、彼は深い幸福感と充足感で満たされました。

これは神秘体験と言えませんか?

それとも、詭弁《きべん》だと思いますか?

これが詭弁かどうかは、ぜひ、あなたが実生活の中で、あなたの「体験」をしてから判断していただきたいと思います。あなたには、あなただけの体験があります。どのような体験をするか、ほかの人と同じというわけではありません。

私が、よく「たとえば」という形で話を進めることに注目してください。**ほかの誰かの体験を、たった一つの正解の形だと思い込んでしまわずに、自分には自分の体験があることに、柔軟に気づいていただきたいからです。**


自分の魂の性質を体感すること。

このことから、「始まり」ます。

フィーリングのパターン

あなたは、このワークで何を感じましたか?

感じ方は、皆、人それぞれに違いますが、よく見られるパターンはいくつかありますので、参考までに記しておきます。

ただ光に包まれていた、とか、自分が光であると感じた場合

その光があなたの魂です。魂というエネルギーを、光として感じている状態です。それはどんな色の光ですか？　その光はあなたを、どんな気分にさせてくれますか？

そこに、あなたの魂の性質を感じ取ることができます。色彩心理学の知識がある人は、その光の色が何を表しているか、学問的に解釈しようとしてしまうかもしれませんが、ここでは、「私はこう感じる、これが私の真実だ」と、自分の奥深い部分で響く感覚を率直にとらえてください。解釈をせずに、自分にとっての意味を、そのまま感じ取ってください。また、同じ色の光を感じても、人それぞれに意味が違います。

肉体に入る直前の状況を感じた場合

これに関連する感覚として、自分の魂が肉体に入る直前の、準備ができた状況を感じたりビジョンで見るという場合があります。魂という大きくて広いエネルギーが、肉体

という形の中に入るために、ぎゅぎゅぎゅっと凝縮されて、そのかたまりから光を放っているように見える場合などです。

自分の状態だけではなく、同じような状態の光のかたまりを、ほかにいくつも感じたりビジョンで見ることもあります。光のかたまりが、箱とか卵の殻《から》のような、カプセル状の入れ物に入っている様子を見ることもあります。自分も光のかたまりの状態で何かの入れ物の中に入っていて、「発進」するのを待っているような感覚もあります。

これらの、魂が肉体に入ろうとするときの状況として共通しているのは、その光のかたまりから、温かいとか熱いとかの、熱のエネルギーを感じ取ることができるということです。生まれて間もない赤ん坊のような、ほやほやの、「いのち」と呼びたくなる熱のエネルギーが感じられます。この状態にいるときの気分を感じ取ってください。

紫、もしくは紫とグリーンの色が回っているのを見た場合

それは、額《ひたい》のチャクラが回転しているのを見ている状態です。紫の色や紫色のもやも

やが回っているように見えたり、そういう色がこちらに向かって点滅を繰り返しているように見えたりします。

人間の身体をエネルギー体として捉えると、現在の人間の肉体上には、エネルギーが集中している場所が七カ所あります。これがチャクラと呼ばれ、七つのチャクラはそれぞれに、魂が肉体に宿ったものである人間の、心と身体の調和をつかさどっています。チャクラの形は、静止した状態で見ると風車《かざぐるま》かコマのように観察され、普段はそれが回転しています。色のついた風車やコマが回っているところを想像してみてください。そんなふうに見えるのが、この、紫色のぐるぐるです。紫というのは、七つのチャクラのうち、ビジョンをつかさどる額のチャクラの色です。この色が回っているのを見ているとき、あなたには、自分に必要な情報を内なる源から視覚的に受け取る準備ができています。

胸にあるハートのチャクラの色であるグリーンが、紫色と交互に混じるような感じで一緒に回っているのが見えるときは、ハートのチャクラがつかさどる、フィーリングの力も同時に使おうとしている状態です。

このように、内なる源からの情報を視覚的に受け取ろうとする力は、後述する、魂の性質を現実生活に活かすきっかけをつかむワークで使いますので、この、スタンバイ状態の感覚を覚えておいてください。

情報が文字やシンボルで現れた場合

この段階で、すでにビジョンで情報を受け取り始めている人の場合、自分の魂の目的が、まるでスローガンのように、文字で現れるのを見ることがあります。

たとえば、「愛!!——私はこの人生で出会う人と愛をもって接し、どの出来事からも愛のさまざまな表れ方を学ぼう——」とか、「好奇心!!——私はこの人生を冒険としてどんな出会いもどんな出来事も、好奇心を持って心から楽しもう——」といったように象徴的な言葉が現れたあとで、それが自分にとって何を意味しているかがフィーリングで分かる、という感じです。

何かのシンボルが見えた場合も、そのシンボルが自分にとって意味している事柄を、

フィーリングでも理解することができます。シンボルが見えたときには、象徴学で解釈しようとせずに、自分にとっての意味を受け取ってください。同じシンボルを見ても、それが個人的に意味するところは、人それぞれに違います。

情報にフィーリングが伴わない場合

魂の性質を体感する、という目的のこのワークで、視覚的な情報だけがやってきてフィーリングが伴わないという場合には、その情報を得たときに自分は何を感じるか、ということにこだわってみてください。その情報が自分にもたらす感覚に注目します。

たとえば、自分の魂の性質として「冒険心」という言葉を受け取ったとしたら、物事が何でも新鮮に見えるような、清々《すがすが》しい気分が自分の内側から湧いてくる人もいれば、自由でエキサイティングな気分が湧いてくる人もいるかもしれません。

「成功」という言葉を受け取ったら、炎が燃え盛るような気分になる人もいれば、物事を必ず達成させようという、冷静で謙虚な気持ちが湧いてくる人もいるかもしれません。

そういう感覚に意識的になってください。それが、あなたの魂の性質です。

額に何かを感じた場合

ワークの最中に、額が温かくなったり、額がちりちりむずむずするとか、額に何かを感じる場合は、額のチャクラが活発化しようとしているときです。今まであまりこの力を使わなかった人に起こりやすい感覚です。

ビジョンをつかさどる額のチャクラは「第三の眼」とも呼ばれ、物理的に現実世界に現れていない、眼に見えないものを感知する能力のバランスを保っています。普通の生活の中では、私たちはこの力を、イマジネーションの分野で使っています。自分の未来を想像したり、夢を思い描いたりするとき、物事の結果を予測するときなどなどです。

ビジョンを描くということに普段あまりなじんでいない人の場合、たとえば「白い部屋をイメージしましょう」と言われたときに、それを想像しようとして意識的になり、それで額のチャクラが活性化するということが起こります。その変化を、額の感覚として受け取ることが多いのです。

身体の中に動きを感じた場合

自分の身体の中の一部や身体全体が、ぐるぐる動いているようような感覚があった場合には、自分の身体のエネルギーの動きを感じていることが多いようです。

人体をエネルギー体として捉えた場合、エネルギーの流れは、らせん状に動いています。らせん状に動いているので、それを肉体感覚としては、ぐるぐる動いているような感覚として受け取ることになります。リラックスして自分の内側に気持ちを向けると、今まで表面の意識では認識していなかった部分のことが、いろいろ分かってきます。

額や身体の中に何かを感じるという場合には、今まであまり意識的にならなかった自分の内側へ、気持ちを向けてゆく準備が整いつつあるのだと思ってください。そして、そういった肉体的な感覚に必要以上にこだわる気持ちはそっと手放して、あらためて時間をとり、ゆったりリラックスして、自分の魂の性質に触れるプロセスを踏んでみてください。

「白い部屋」から出たくないという感覚になった場合

白い部屋とはかぎらず、生まれる前の状態だとイメージしたその場所から、動きたくない、出たくないと感じた場合には、今現在、あなたの現実生活が、自分の魂の性質とかけ離れすぎていることが考えられます。

表面の意識では、何がなぜどのように苦しいのか分からなくても、とにかく毎日の現実が苦痛だ、今の自分は自分ではないような不安感にさいなまれる、といったような問題を抱えている場合もあります。それほどシビアでなくても、何をしていても安心感がない、何だか分からないけれど窮屈《きゅうくつ》だ、というような感覚がつきまとっているかもしれません。

そういう人にとっては、このワークは穏やかな処方箋になるでしょう。

そこから出たくないと思ったとしても、それさえ抜きにすれば、その場所であなたはゆったりと、たゆたうような気分でいられたのではないでしょうか？　そのときの自分の魂の性質を、今の、言ってみれば魂の苦境のような現実生活に、少しずつ少しずつ、色を溶かしこんでゆくようになじませて、気持ちの安定をはかることができます。

現実生活が鬱屈《うっくつ》したものであればあるほど、いきなり爆発して一気に変化を起こすことができるかもしれませんが、それでは気力や体力の消耗が激しすぎてしまいます。その上、突然今までと変わってしまったあなたの姿を見て、周囲の人はあなたとの関係にバランスがとりにくくなり、人間関係で感情的なトラブルが起こってしまうかもしれません。あなたを理解する人が現れるまでは、疎外感や孤独感とも闘わなくてはなりません。そういったリスクを少なくするためにも、穏やかな移行期間を経て、もろもろのバランスを取りながら、あなたが生きやすい現実へと状況を変化させてゆくことができます。

「白い部屋」から早く出たいと感じた場合

つまり、生まれ出るのが待ちきれなくて、早く今回の人生に生まれ出たいと、ウキウキワクワクしている感覚になった人は、解説するまでもなく、自分の魂がどんな性質を持っているのか、また、何を目的として今回の人生に生まれるのか、このときに自分で分かっています。

「どうしてそんなに生まれるのを楽しみにしているの？」「だって、○○だから」という感じで自分で言葉にしてみると、それが、よりはっきりと分かります。

早く生まれ出たいと、ウキウキしている感覚があった人で、もし、「私が今経験している現実は、そんなに楽しみにするほどいいものじゃないのに……。現実は、こんなに問題がたくさんあって苦しんでいるのに……」と思う人がいたら、一つだけ理解していただきたいことがあります。

私たちの魂は、現実の生活を通して、さまざまな出来事の中で五感や感情を使って学びます。学ぶことで魂は成長するので、魂は、成長という結果につながる出来事に出会うことを楽しみにしているのです。問題を経験することで学ぼうとすることも、豊かさや喜びの体験の中から学ぼうとすることも、魂にとっては同じように、成長のチャンスとして心待ちにしている出来事なのです。

ですから、魂は成長の道をまっすぐ順調に進んでいるけれど、現実世界の人間としては、壁にぶつかって当たって砕けてしまったり……ということが起こります。

けれど、いくら魂が成長を喜んでいるからといっても、苦しむだけでは人生やっていられませんから、よりスムースに苦難を通り抜ける智恵を自分の内なる源から得ることで、少しでも現実を生きやすいものにすることができます。

広大な風景の中にいたり、広大な何かと一体になっている感覚があった場合

とにかく広大だと感じられるものとの一体感は、「すべては一つ」をそのまま体感している状態です。自分の意識もその中に溶けこんで、何の境い目もないように感じられます。

1章で説明したような、普段、意識のグラデーションのツノが平ら状態で、「すべては一つ」と一緒か、そこにとても近い意識状態でいる人のうち、その自分をスムースに受け入れている場合には、この感覚を体験したときに、「よけいな言葉も何の説明もい

らない。自分はこれなんだ。自分はこれでいいんだ」と感じることが多いようです。

「個」と「すべては一つ」のバランスをとりにくい人の場合は、この感覚を体験すると、「魂はこんなに広く深く大きいのに、人間としての自分は、なんて狭量で小さいんだろう……」と、また落ち込んでしまいがちです。

私たちの魂は、肉体という、たくさんの制約を背負った枠《わく》の中に入り、実体験をすることで成長します。大きさの範囲だけを見ても、魂は偉大だけれど人間はちっぽけです。でも、ちっぽけな人間の中に、偉大な魂の性質は濃淡のバランスをとりながら溶けこんでいるのです。時には、「けっこうすごいんだな、私って」と、心ひそかに自分を賛美してあげてもいいのではありませんか?

自分の魂の性質に反抗しようとしている人の場合は、この感覚を体験することは「自分」に直面することにもなります。「本当は、自分はやっぱりこういうことをしたかったのだなあ。やっぱり……」というふうに思うことが多いようです。現実生活で、それでもまだ反抗していたければ、自分の魂の性質や人生の目的をあらためて認識した上で、それは胸に秘めておくことはできます。

どこまで行っても制限がなく、あまりに広大な風景の中で、自分がその広大さの中に溶けこんで一体となっている感覚を体験すると、自分がなくなってしまうようで不安だと感じる人がいますが、心配しなくても大丈夫です。「自分がなくなってしまいそう」だとか「不安だ」だとか、自分がそう感じているのを分かっている「自分」が確かにいるわけですから。

宇宙空間に浮かんでいる感覚があった場合

これは、ほぼ二つのケースに分けられます。インナースペースと呼ばれるものと、実際の宇宙空間です。区別するには、その宇宙空間に一人だけでいるか、それとも、一人でいるが周囲に誰かの気配がするか、ということを目安にしてください。

宇宙空間に一人でいるという感覚の場合、精神世界の言葉でインナースペースと呼ばれる場所を体験しています。個人の内側に、実際の宇宙と同じくらい大きく広がっている世界です。

ただ、私はこれも、「すべては一つ」の捉えかたの一例なのではないかと考えています。「すべては一つ」は、とにかく想像ができないほど、途方もなく広大なところです。制限がなく無限に広いといったものを、自分がすでに知っているものと結びつけて理解しようという意識が働いたとき、この広大な内なる源を、宇宙空間のイメージで捉えることが多いようです。

そこで、宇宙空間に「一人でいること」がポイントになります。これは、「すべては一つ」の中にいて「個」の意識を認識している状態です。「すべては一つ」であるが、自分という意識は「個」であるという、その対極を同時に体験している状態です。そして、その空間にいながら感じる感覚が、あなたの魂の性質になります。

一方、宇宙空間にいるが周囲に誰かの気配を感じる、という感覚の多くの場合、地球を眺めている場面を体験していることがあります。中間生《ちゅうかんせい》の場合のことが多いでしょう。中間生というのは、一つの人生と次の人生のあいだ、つまり、物理次元から見れば「死んでいるあいだ」です。

私たちの魂は、一つの人生を終えたあと、その人生の舞台となった地球を宇宙空間から眺める、というひとときを持つことがあります。そこでほかの魂たちと語らったりします。そして、次はこの地球のどこのどの時代に、どの魂と生まれあわせて何をしようか、と話しあったりすることがあります。

次の人生に生まれる直前の状態でもあるのが、この体験です。今回の人生に生まれる目的や、どう生きようとするのかが分かりやすいと言えます。そこで感じるフィーリングや、浮かんでくる想いに意識を向けてみてください。

実際の宇宙空間にいる感覚と関連して、そのとき自分が地球人の姿をしていない、ということを感じ取る場合があります。地球人の姿をしていない仲間と一緒に空飛ぶ乗り物に乗り、地球を離れて別な惑星に飛んでゆくが、また地球に戻ってくることは分かっている、というように感じ取る人も多くいます。

私たちの魂は、地球に適合した形だけに入るわけではありません。地球人の姿をしていない自分を感じ取ることは珍しいことではありませんので、地球人の姿で生きる今回の人生をどういったものにしたいのか、そこでのフィーリングを感じ取ってみてください。

また、別な惑星で誰かから冠《かんむり》を授かる、という感覚を体験する場合には、地球という物理次元でさまざまな体験をしようと決めた、そのもともとの理由を知る場所での状態を体験しています。自分の魂が地球付近にやって来た、そのもともとの起源での体験です。

私たちの魂は、宇宙のどこからか、銀河系に惹かれてやってきます。そして、物理次元の体験をするのにちょうど都合のいい惑星、地球の周りに集まって、肉体を持って地上に降り立ちます。その、銀河系での起源を体験しているのが、この感覚です。

このとき、「これから地球に、何をしに行こうとしているの？」「○○するため。私は△△したいから」というように、自分で言葉に置き換えてみると、今回の人生だけでなく、地球での全転生を通じてどのように生きようとしているのか、という、大局的な視点から、魂の目的が分かります。

この感覚に共通して多く見られるのが、冠を授かる、冠を頭に載せてもらうという体験です。これについて私は、実証不可能なある仮説を立てています。とても喜ばしい、嬉しい体験につながる仮説なので、さらに研究を続けて、実証不可能ながらも、できるかぎり適切な解説を試みたいと考えています。

第二部　人生の書

4 「人生の書」のワーク

それでは次に、この魂の性質を日常生活に活かし、魂の目的を達してゆく具体的な方法を手に入れることにしましょう。

その答えは、私たちの内側にすでにあります。

今回の人生をどう生きるか決めたときに、私たちの魂は、今回の人生における「あらすじ」を考えているからです。

たとえば、こんな感じです。

喜び!!――私はこの人生に喜びを表現したい。人間にとって欠かせない「食」において、その喜びを表そう。そのためにまず、心身の健康や食の安全に無頓着《むとんちゃく》で、子供に無関心な親のもとに生まれるのがいいかもしれない。栄養が偏って健康を損《そこ》ねたり、愛情不足から摂食障害を起こすことができるだろう。そうすれば、健康や命といったものの大切さに、自分で気がつくチャンスになるはずだ。そのチャンスをうまくつかんだとしたら、第二幕に進むことができる。命を支える食の大切さに敏感になった私は、健康を取り戻して元気が出てきたこともあり、自分も食にたずさわることを何かしたいと思うようになる、というストーリーはどうだろう。プランターでトマトを育てるのもいいし、家庭菜園とか、本格的に有機農業を始めるとか……。お弁当作りを趣味にしてもいいし、料理で身を立てることを目指すのもいいかもしれない……。そのへんは、生まれてから、その時々の状況でいろいろ考えてから決めようっと。食を通じて表現できる喜びには、作ること食べることだけではなくて、雰囲気を楽しむとか、人のおいしそうな笑顔を見ることとか、いろいろな種類がある。より多くの人と、この喜びを分かち合いたい。だから、他人と上手にコミュニケーションできる資質を養う必要があるな。そのために、反面教師的な人とのトラブルも経験しておくと、学ぶことがあって、後々《のちのち》のためにいいかもしれない。そして、そんな人生を歩む私に好感を持ってくれる人たちに囲まれる喜びを味わって、大団円……という筋書きはどうだろう。

どうですか？

なんとな～く、そこはかとな～く、分かっていただけるでしょうか？　もちろん、人生のあらすじは人それぞれに違いますので、この例えは単なる例えとして受け取ってください。

このような人生のあらすじは、「すべては一つ」から「個」の意識が生まれた、内なる源の原点の部分にあります。そこには、アカシックレコードと呼ばれる、広大な情報源・記録の殿堂があります。

古くから預言者などが利用したと言われるアカシックレコードとは、眼には見えないけれども、誰もが使える情報の源で、個人の魂にまつわる記録も、その中に含まれています。私は、この、個人のアカシックレコードを『人生の書』と呼んでいます。

拙著『アカシックレコード・リーディング』（ハート出版）で、私は、アカシックレコードを有効に活用する方法を提案しました。例えて言えば、『アカシックレコード・リーディング』は、巨大な公共図書館の利用案内のようなものです。そして、同じ例えで言うと、アカシックレコードという公共図書館の中で、さまざまなジャンルに分類された膨大な記録群のうち、個人史の棚から自分の魂の記録を取り出すのが、これから紹介する『人生の書』のワークです。

ほかの例えを使うとしたら、「すべては一つ」と「個」の関係は、インターネットとパソコンの関係に似ています。個人の意識という端末が、広大な情報網につながっているのだというイメージで捉えてみてください。個人の意識を入り口として、誰もが、この広大な情報源につながっています。

個人の魂の性質に触れ、今回の人生を生きるもととなった内なる源に意識を向けることで、誰もが自分で、自分の『人生の書』から情報を取り出し、さらにはアカシックレコードにつながるという回路を使うことができるのです。

ここで、一つ確認しておきたいことがあります。

まさかとは思いますが……『人生の書』から情報を取り出しさえすれば、たちどころに自分の欲求を満たす現実が実現する、と思い込んでいる人はいませんか？

『人生の書』は単なる情報源にすぎません。そこから得た情報を使ってどうするか、それはあなたの力です。『人生の書』に何か不思議な力があって物事を実現させてくれるのではありません。今回の人生を生きる、この顔・この声・この身体を持ったあなたの中に、この人生を生ききり、物事を実現させてゆく力があるのです。

物事が実現化・現実化するときのプロセスをエネルギー上から見てみると、基本になるのが、「フィーリング」をつかさどるハートのチャクラと、「ビジョン」をつかさどる額のチャクラの力、そして、この二つのチャクラのあいだにあって、行動をつかさどる喉《のど》のチャクラです。フィーリングとビジョンをバランスよく結びつけ、それを現実の世界に実際の行動として表現するのが、この喉のチャクラの働きで、物事の実現化をつかさどる力があります。

「とにかく世の中のために何かしたいんだ」、という熱意だけはものすごく持っているのに、それを何によって表したいのか、方向や計画が見えてこない人の場合には、フィーリングの力が先走りすぎてビジョンの力が追いつけない状態です。とにかくこういう形で仕事を完成させるんだ、という計画はかなり明確なのに、実現に向けて物事を進められない人の場合には、そもそもどうしてそういう仕事がしたいのかという内なる想いを置き忘れてしまっていて、原動力が不足している状態です。そして、どちらの場合も、行動を伴わなければ、夢は夢のままで終わってしまいます。

フィーリングとビジョンのバランスが整っているときには、エネルギー上ではその物事は完成して、シミュレーションが始まっています。このとき、あたかもそれが、もうそこに現実のものとして実在しているような、リアルな存在感や触感のような雰囲気を、自分の身体の前二〇センチから四〇センチほどのところに感じることができます。それを現実の世界に実現させるときには、そのシミュレーションのエネルギーのかたまりの中に、行動として一歩を踏み出して入ります。そのエネルギーを着て自分になじませるような感じです。

そのエネルギーのかたまりまでは、ちょうど、無理のない自然な一歩分の距離です。一歩を踏み出す、一歩一歩進む、ステップ・バイ・ステップなど、よく言ったものだとは思いませんか?

エネルギーの状態から見ると、私たちは、まさに一瞬一瞬を創造して、それを現実化させているわけです。ただし、一瞬ごとにいちいちそれを認識していると、身動き一つするのにも考えすぎてしまいますから、私たちは普段、すべての瞬間に意識を向けているわけではありません。でも、私たちは意識の中で、今この瞬間にも、理想の未来に向けて、こつこつと地道な努力を続けています。これが、物事が実現化・現実化する仕組みです。

エネルギー上のプロセスを現実生活の視点から見ると、「一歩」は、現実の何らかの行動にあたります。

たとえば、朗《ほが》らかな魂の性質を持った人が、友人に恵まれて楽しく生きたいという目的を達するためのきっかけとして、まず自分から「おはよう」と声をかけることから始めるかもしれません。また、たとえば、学究肌の魂の性質を持った人が、集中して知識を深めるためのきっかけとして、まず身の回りをきれいに掃除し、整理整頓された環境を作ることから始めるかもしれません。南の島に憧《あこが》れながら、海の色の入浴剤でゆっくりお風呂に入るとか……。カフェの経営を夢見ながら、コーヒーポットを貯金箱にして毎日小銭を入れるとか……。あなたはどのような「一歩」を思いつきますか？

こうして、現実生活と折り合いのつく方法で着実に目標に向かってゆくことで、そこに至るまでのプロセスを踏んだ、夢をかなえた人が誕生します。


ここで、もう一度確認させてください。

まさか、今でもまだ、自分の欲《ほっ》する現実が一、瞬、に、し、て現れるという、ムシのいい期待をしている人はいませんね？

あなたは笑ってしまうかもしれませんが、時々いるのです。「魔法」を探している人が。一瞬で自分の願望がかなう魔法とか、一瞬で自分の都合のいいように現実を変える魔法とかを探して、延々と精神世界の中をさまよい続けている人と、私は何人も出会ってきました。常識的に小さな努力を重ねていれば、今ごろはとっくに、その人の夢はかなっているはずなのに……。貴重な年月と貴重なお金を費《つい》やして、もったいないかぎりです。

人生も税金も、無駄遣いはもってのほかだと思いませんか？

確かに、スピリチュアルな教えや自己啓発の本の中には、「一瞬で現実が変わる」「一瞬で願望が実現する」という表現があります。でも、内容をよく理解すれば、このフレーズが、「意識を変えることは一瞬でできる。意識の変化が現実生活に反映されて、結果的に現実が変わる」、あるいは、「意識の変化によって物の見方が変わり、結果的に現実の物事の受け取り方が変わる」という意味でできていることが分かります。一瞬で変わるのは意識で、それに伴って現実が変わるまでには、その物事や状況によって、それなりの時間がかかります。この「意識が変わる一瞬」という部分が、エネルギー上から見ると、「フィーリングとビジョンがバランスをとった、その瞬間」です。

魂というエネルギーの視点から見ると、物事は一瞬で実現します。それが現実のものとして、時間をかけて物理次元に現れてゆくプロセスを、私たちの魂は、地上に生きる人間の醍醐味として楽しんでいるのです。

そうそう、それから、こんな思い違いをする人も時々いるようです。よく耳にする、「ワクワクすることをやっていれば現実がついてくる、夢が実現する」というフレーズを、自分の都合のいいように解釈してしまう例です。ワクワクすることとしないこと、という、その物事の本質に迫《せま》ることなく、手っ取り早く表面的な形だけで、いい思いをしようとしてしまう場合です。

このフレーズは、物事を自分のエゴにとって都合よく解釈する傾向のある人には、うってつけです。精神世界ブームの弊害でもあります。ですから、こういう考え方を好ましく思わない人から、「誰もが好き放題にしたら、社会の秩序がなくなってしまう」と批判されてもしかたがないのです。

「ワクワクすることをしていれば、何の努力もしないで楽に成功できる」というのには、「魂の性質を体感して、そのエネルギーで物事を達成させてゆくときは、魂の喜びが活力となるので、そのプロセスがどんなに大変なものであっても労苦とは感じない」という意味の注釈がついているはずです。

「魂の性質にかなった」という意味での、「ワクワク」の本質という説得力を自分の現実生活で体現しないかぎり、他人を納得させることができません。「ワクワク」は、ただ恣《ほしいまま》にむさぼるということではありません。意識のグラデーションを思い出してください。私たちの意識は、内なる源に近い奥深い部分ほど、「お互いに」「共に」という気持ちを濃く含んでいます。

魂の性質を体現しようとするとき、私が私で在るという生き方をするとき、私たちは、自分のエゴのために他者をむさぼることはしませんし、甘んじて他者のエゴでむさぼられることもしません。


精神世界ブームの弊害は、ほかにもあります。「スピリチュアルな仕事をしていることがスピリチュアルなことだ」という傾向を生んだことです。「私はＯＬだからスピリチュアル生活をしていない」というような類《たぐい》の思い違いです。

ニューエイジムーブメントの流れの中で、たとえば普通の会社勤めや専業主婦といった、人間の営みに欠かせない「仕事」という分野を、ないがしろにするような風潮が多く見受けられました。これも、先人の霊的な教えを、エゴにとって都合のいいように解釈したことの結果です。

私たちの誰もが、いわゆる霊的な存在です。もとは魂なのですから、スピリチュアルでないわけがありません。どこで何をしていようと、魂が肉体を持って、この現実生活でさまざまな体験を重ねていることが、すなわちスピリチュアル生活です。

「スピリチュアルである」ことが何を意味しているかが体験的に分かれば、スピリチュアルであろうとすればするほど、「地上で人間である」という方向に意識が向かいます。精神世界で「グラウンディング」と言われたりしますが、「地に足をつける」ということです。

でも、地に足をつけるといっても、突拍子もない壮大な夢を抱くことがいけないという意味ではありません。どんなにぶっ飛んだ夢であっても、それを本当に実現させてゆくときには、現実のプランとして一歩一歩進めてゆくわけですから、地に足はついています。地に足をつけた結果、人類は宇宙に飛び出しました。地に足をつけるということは、今のこの自分を丁寧《ていねい》に生きることです。今のこの時がなければ、次の、より理想的な自分には、つながりません。

魂の視点から見たら、もともとスピリチュアルな存在である私たちが、人間という体験に意味を求めて、肉体を持って生まれてきているわけです。再び魂の状態に戻るまでに、いかに物理次元での体験をするか、というのが誰にも共通の大きなテーマです。古くから霊的指導者が、「今を生きよ」「今この瞬間を生きよ」と教えているのは、そういった意味がもとになっています。年寄り……というか先人の言うことは、なかなか理にかなっています。

そういうことが分かっている上で、自分の魂の目的を、一般的に言うところのスピリチュアルな職業によって達してゆこうと決めるのでしたら、ノープロブレムです。

これまでのところで、なんとなくお気づきかもしれませんが、「魂の性質に触れて魂の目的を知る」と言ってはいても、「魂の性質」と「魂の目的」は別個のものではなく、互いに結びつきあった、ひとまとまりのものです。魂の性質に触れるワークを体験すると、自分の魂の性質を今回の人生にどう活かして生きてゆくか、という方向に魂の目的があることに気がつくことでしょう。地上に生きる人間という物理次元での体験の中で、この魂の性質をいかに工夫して表現してゆくか、ということが魂の目的なのです。

平凡なオチのようでがっかりしてしまった人には、さらに追い討ちをかけてしまいますが、よく言われる「今回の人生での使命」「この人生でのミッション」というものにも、同じオチがつきます。

「使命」「ミッション」という言葉は重々しいので、悲壮感とか高揚感といった、何か特別な感じがあります。けれどそれは、何者かによって「選ばれた」人だけのものではありません。誰もが皆それぞれに、魂の性質をこの人生に表現するという使命を背負っているのです。その内容は人それぞれに異なるので、眼に見えるところでは規模の大小に違いはありますが、その価値においては平等で、上下も優劣もありません。点数をつけたくても、死後に今回の人生を振り返り、魂の目的をどれだけ達成できたかを自らに問うことくらいしかできません。

それに、大きな物事を成し遂げるにしても、踏み出すことが可能な、ささやかで平々凡々な一歩から始めないかぎり、未来に到達することはできないのです。映画のヒーローだって、颯爽《さっそう》と人前に登場する前に、覆面やマントなどの衣装を、自分で縫うなり何なりして準備しているはずです。この人生では、誰もがスペシャルエージェントとしての使命を背負い、毎朝六時に味噌汁を作っていたり、得意先を回って頭を下げていたりするのです。

魂の性質を、実現可能な形で今回の人生に表現しようとすること、それが私たちの魂の目的です。

これに納得がいかない場合には、魂の性質を表現するためのきっかけをつかみ、日常生活の中で小さな一歩を体験してから、あなたがどう思うか判断してください。

私が、「実生活の上で確実な一歩を」「現実生活に確実に役立つように」と主張するのには、単純な理由があります。そのほうが、たくさんの経験を積み重ねることができるので、学びのチャンスが多く、トータルして魂の喜びが大きいからです。

たとえば、眼の前のテーブルに、お茶の入ったカップがあるとします。それを念力で動かすことのために心血を注ぐこともできますし、さっさとカップを手に取って、くつろぎの時間を楽しむこともできます。そばにいる人に、「カップを取ってもらえる？ありがとう。一緒にお茶を飲まない？　おいしいお菓子があるんだ」と話しかけたら、もしかしたら、エキサイティングな展開が待っているかもしれません。一つの物事をどのような体験にするか、という工夫の中で、私たちの魂は学び、人間であることの醍醐味を味わいます。

また、こんなことも考えてみてください。人生はジグソーパズルのようなものかもしれません。これを最初に置かなくちゃ気がすまないと、ある一個のピースだけを握りしめて、結局どこにも置くことができずに人生を終える場合もあります。試しにいくつかのピースを置いているうちに（なにしろ、人生には、幸せになろうとしては転んでみたり、起き上がりかけてはバナナの皮でまた転ぶことだってありますから）、だんだん要領がつかめてきて、ついにはパズルを完成させられる場合もあります。

どの道を選ぶかは人それぞれに好みがありますが、私の場合は、死後さわやかに成仏《じょうぶつ》できそうな道を通って、今回の人生を生ききりたいと思っています。

そんなことは言われるまでもない、私は分かっているから大丈夫、と言ってあなたが笑ってくれているといいのですが……。ついつい老婆心から確かめたくなってしまいました。

またまた前置きが長くなりましたが、このあたりのことを分かっていただけると、『人生の書』からの情報を現実生活に活かしてゆくための準備が整います。

さきほどの、魂の性質に触れるワークで、フィーリングの準備ができました。次の段階であるこのワークは、「ビジョン」の準備をするために行います。

これから、あなたの内なる情報源『人生の書』にアクセスしてみましょう。

ここでも、ポイントはリラックスしていることです。録音した言葉に聞き従うこともおすすめしません。あなたの内なるイマジネーションを、自由に活躍させてください。

そして、魂の性質に触れることで『人生の書』につながり、さらにはアカシックレコード全体につながるという回路を使いやすくするために、ここでの最初のキーワードは、「魂の性質を実生活に活かすための具体的な最初の一歩」とか、「魂の目的にかなった理想的な未来に行き着くための最初のきっかけ」というような内容にしてください。

『人生の書』の中から、ほかにもいろいろな情報を取り出すことができますが、コツをつかむためにも、まずはこのような内容のキーワードから始めます。コツが分かれば、あとからいくらでも、ほかの情報をスムースに取り出せます。

このような内容のキーワードを、必ず、あなた自身の言葉であらかじめ用意して、このワークの中の言葉と置き換えて使ってください。そうすることによって、あなたが自分の意思でそれを知りたいのだ、という意図が明確になります。その準備ができたあとで、リラックス開始です。**自分の言葉で明確な質問が用意できていると、充分にリラックスした状態で、何の緊張もなく、考える必要もなく、問いかけることができます。**

魂の性質に触れるというところまでは来ましたから、このワークでは、そのところからつなげて意識を動かしてゆきます。魂の性質に触れたときに感じた感覚の中に戻り、そこから続けて始めます。

それから、もう一つ……。

人は誰でも、自分が見たいものだけ聞きたいものだけを見聞きしよう、自分が見たいように聞きたいように見聞きしよう、という傾向がありますが、今この時だけは、やってくる情報を、ただそのまま受け取ってください。

●「人生の書」のワーク●

それでは、静かに眼を閉じて……。

ゆったりとした呼吸をします。

ゆっくり、鼻から息を吸い込んで……、

口から大きく息を吐き出します。

鼻から息を吸い込んで……、

大きく、ため息をつくように、口から息を吐き出します。

しばらくこの呼吸を続けたら、普通の静かな呼吸に戻してください。

そして、さきほどの、魂の性質と一体となった時の気分を思い出します。
あの、たゆたうような気分の中に、ゆっくり戻っていきましょう。

あの光の中へ……。
あの風景の中へ……。

ゆったりと呼吸しながら……。
あの心地良さの中に戻っていきます。
充分に落ち着くまで、この気分にひたっていてください。

静かに呼吸をし、気持ちよくリラックスできたところで、こんな感覚を胸のあたりに湧きあがらせます。

「この心地良い気分で日々を生きるために、私は暮らしの中で何をするの……？」

「この魂の性質を生活に活かすために、私にできる最初の一歩は何……？」

「魂の目的にかなった生き方のための、私の最初のきっかけは何……？」

「今回の人生の目的にかなった未来に行き着くために、私は最初にどの方向に一歩を出すの……？」

あなた自身の言葉で、問いかけの感覚を湧きあがらせます。

その、知りたいという感覚・質問の内容の感覚を、胸のあたりに感じてみてください。

ゆったりとした呼吸を続けながら……。

その、質問のフィーリングを感じます。

そして、ゆっくり鼻から息を吸って……、ゆっくり息を吐き出します。

息を吐き出すと、あなたを中心にして、その問いかけのエネルギーが、さざ波のように、答えのある場所に向かって広がってゆきます。

ゆったりと呼吸をしてください。

やがて、さざ波のように、その答えが、あなたの胸元に返ってきます。

そのフィーリングを、充分に感じ取ってください。

その答えは、ハートで感じる何かの感覚として受け取ることもありますし、額のところまでやってきて、まぶたの裏側に映し出される映像として受け取ることもあります。

問いかけようとした瞬間に、もう答えが同時に存在していて、そこに意識が向くこともあります。

無理に答えを探そうとしてしまう意識の動きに気づいたら、もう一度、ゆっくり鼻から息を吸い込んで……、大きくため息を吐き出すように口から息を吐き出します。

緊張がほぐれてから、また、ゆっくり時間をかけて、問いかけのフィーリングを胸のあたりで感じ……それから、その質問のエネルギーを、そっと放ちます。

やってくる答えは、日常のありきたりなワンシーンかもしれません。

さりげない日常の光景が自分にとって何を意味しているのか、このシーンの中のどの部分に自分の質問の答えが表されているのか、という問いかけのフィーリングを胸のあたりに湧きあがらせて……ゆっくり息を吐き出しながら、その質問のエネルギーをそっと放ち……答えを受け取ります。

このように、答えに対してまた問いかけながら、内なる情報源とのやりとりをします。

答えが何かのシンボルでやってきたら、それは自分にとって何を意味しているのか、それは実生活の中での何を指し示しているものなのか、というように問いかけます。

ここは、あなたの内なる源です。

時々、ゆったりした呼吸を繰り返しながら……。

心ゆくまで、ここでひとときを過ごしてください。

（ここで充分な時間をとります）

それでは、ゆっくりと、現実の自分の身体の中に意識を戻しましょう。

楽な呼吸をしながら……。

ゆっくりと……、現実のこの自分に戻ってきます。

静かに、そっと眼を開けて……。

少し身体を動かして、自分の身体の感覚を確かめます。

しばらくこのまま、静かにくつろいでいてください。

5　ワークを終えて

『人生の書』から情報を得るときの体験は、人それぞれに違います。**あなたには、あなただけのスタイルがあります。**

『人生の書』から情報を受け取ることについて、ちょうど、泳げるようになったとか、自転車に乗れるようになったとかいうのと同じような感じで、「あ、どうすればいいか分かった」という感覚があった人は、それでＯＫです。これから自由に、このアイテムを使いこなしていってください。

たとえば、魂の性質に触れたときに風景を見ていた人は、その風景の中で問いかけのエネルギーを発したときに、風景の一部が変化するのに気がついたかもしれません。その変化する部分が『人生の書』にあたります。『人生の書』を風景の一部に組み込むことで、リラックスしながら、内なる源からの情報を受け取りやすくしている状態です。

自分の理想の家のイメージを見るという人も多いのですが、その場合には、イメージの中で窓から外の景色を眺めていると、景色の一部や、その窓枠のなか全体の景色が、問いかけに応じて変化する、という展開になることが多いようです。そのほか、眼の前に絵の額縁や掛け軸、映画のスクリーンといったような、何かの枠が現れて、その中に質問の答えが映像やシンボル、文字の状態で展開する、という場合も多くあります。

生まれるのを待っている場所では眼の前に花のつぼみがあって、そこに向かって問いかけるとつぼみが開き、花の中に答えの映像やシンボルが現れる、という形で『人生の書』からの情報を得る例もよく見られます。

こんな人がいました。

その人は、「調和」という魂の性質をしていて、人と和やかにコミュニケーションしたいという目的を持っていました。日常生活でできる最初の一歩は何か、『人生の書』

に問いかけたところ、火鉢の映像が見えました。その人は、自分の生活の中に火鉢がなかったことから、それが何を指しているのか分からなかったので、「もっと私に分かりやすく」と『人生の書』に問い直しました。すると、火鉢の映像が消えて、今度はコタツの映像が現れました。彼女が再び「もっと分かりやすく」と要求すると、それは電気ストーブに変わりました。こうして、次々と暖房器具の映像ばかりが現れたそうです。

ついに彼女は、「これらの映像は私にとって何を象徴しているのか」と問いかけました。すると、映像ではなくフィーリングで、それが「その人を温める気持ちで相手と接する」ことを意味していると同時に、「暖房器具は、自分から人のところに押しかけない。自分の温かさを相手に押し付けないで、その人にとっての適温を保てる距離に身を置くこと」という意味でもあることが分かりました。

彼女はとても親切な女性でしたが、なぜか、彼女が手助けした人たちの多くが、その後、彼女を疎《うと》ましく思うというパターンが続いていたのです。彼女は良かれと思ってしていたことですが、その手助けが、実は相手の私生活や感情に踏み込みすぎていたことに、それまで彼女は気がついていませんでした。

人助けをしているという自己満足だけが基準になっていたことが原因だったことも、彼女はこのワークによって自力で気がつきました。「調和」という自分の魂の性質を表現するために人に親切にしようとしていたはずなのに、いつしか、親切な人だと言われて満足したいために親切の押し売りをするようになっていたのでした。

彼女は、あらためて自分の魂の性質を思い出し、和やかな雰囲気で人間関係を結びたいという、胸の底から湧き出る気持ちを確かめました。

今、彼女は、いつでもたくさんの友達に囲まれています。たいていの友達は、彼女のそばにいると温かい気持ちになって和むと言うそうです。

シンボルを読み解くときには、それが何を意味するのか、という視点が大切になります。私たちは、何かの物事を見聞きしたときに、自分がすでに知っているものとそれを結びつけて理解しようとしがちですが、そういう解釈を始めそうになったら、気をつけてください。自分が見たいように聞きたいように、都合よく解釈してしまうことは避けてください。自分が何を見たいか、ではなく、それが何を意味しているか、という視点で『人生の書』に向き合います。

たとえば、職場で気持ちよく過ごすきっかけとして、お皿に乗ったケーキの映像が現れたとします。それを見たときに、「転職してケーキ職人になれということかな？」と解釈してしまう前に、まず、それが現実の光景なのか、それともシンボルなのかを問い直します。

現実の光景だとしたら、その映像の中で自分がどのような行動をとっているかを観察し、それが何のことか分かるまで、そこから派生する質問を『人生の書』に問いかけます。シンボルとして現れているのなら、それが自分にとって何を意味しているかを問いかけます。

職場の人と気軽にお茶を飲むことを意味しているかもしれませんし、一人でくつろぐ時間を持つことで元気を取り戻すことを意味しているかもしれません。または、一切れのケーキが、職場全体の中での自分の位置を意味しているかもしれませんし、甘いものというところから意味が伝わってくるかもしれません。シンボルには、あなたにだけの意味があります。それを、そのまま受け取ってください。

『人生の書』に、うまくアクセスできないとき

このように、『人生の書』から情報を得るときのスタイルは、とにかく人それぞれです。そして、そのスタイルは、回を重ねるごとに、もっとあなたに使いやすい形に変化してゆくことがあります。

どのような現れ方であれ、その人にとって、いちばん受け取りやすいスタイルで『人生の書』とつながります。人それぞれにまったく独自のスタイルが現れるので、全ての例について解説することはできません。自分のスタイルという、その感覚をつかめればいいのですが、なんだかピンとこなかったという人のために、ここでは自己診断の目安になる補足をしましょう。

フィーリングや情報に確信が持てなかった場合

何かのフィーリングや視覚的な情報を得た場合でも、「これが自分の内なる源からやってきたもので、自分が勝手に頭で考え出したものではないと、どうしたら分かるのか」と迷ってしまう人……。

頭で何かの考えを作り出している場合には、魂の性質に触れたところで感じたような、ぽーっとたゆたうような感覚がなくて、「醒《さ》めた」感じがあります。考え出そう、という無理な力が働いて緊張しているので、胸が詰まったような窮屈で浅い呼吸になっていたり、息を止めていたりすることがあります。そういう感覚があったら、改めて、肩の力を抜いて全身を楽にしてから、ゆったりと大きく呼吸を繰り返してください。考えすぎないように、リラックス リラックス、です。

自分で解釈し始める間もなく、視覚的な情報が湧き出して展開していったり、説明的な言葉で表そうとする間もなく、そのフィーリングが何を意味しているかが自分には分かる、という場合には、あなたは自分の内なる源から情報を受け取っています。

その情報はあなたにとって、見たくない聞きたくないものかもしれません。けれど、あなたの内側で確かに真実だと響くのであれば、それをそのまま受け取ってください。

リラックスして、あらゆる先入観を手放していれば、自分の思い込みを「答え」だと言い張ってしまったり、自分の欲求にとって都合のいいストーリーを作ろうとすることを避けられます。

このように、自分で感じた自分そのものの感覚なのに、それが本当かどうか迷ってしまう人には、今回の人生で、自分への信頼を取り戻すことが課題となっている場合があります。安心して落ち着ける時と場所を選んで、少しのあいだ、自分と向き合ってみてください。

そして、自分の中に、誰か自分以外の権威ある人から言われたことなら信じる、人から正しいと言ってもらえれば安心できる、というような類の気持ちがないかどうか、確かめてみてください。自分以外の誰かの言葉が、含蓄《がんちく》があって正しい場合でも、ただそれを崇《あが》め奉《たてまつ》ることと、実生活の中で、自分でそれを実感として分かる、ということとは違います。分かる、ということは、あなた自身がすることです。分かる、という力は、あなた自身の中にあるのです。その力を自分以外のものに明け渡してしまうことが何を意味するかも、あわせて考えてみてください。

または……。あるジャンルにおいて、自分より智恵も経験もある人を敬愛し尊ぶことは自然なことではありますが、誰かに指示してもらえれば自分は何も考えなくてすむから、自分は何も責任を負わなくてすむから、という理由が自分の中にひそんでいることはありませんか?

きつい言い方に聞こえたかもしれませんが、意地悪でも皮肉でも嫌味《いやみ》でもありません。単なるチェックです。

というのも、『人生の書』にアクセスできたのかどうかピンとこない場合、あるいは、『人生の書』から情報を取り出せない場合には、人それぞれにいろいろな理由があるにせよ、その正体が「自己責任」という課題に行き着くことが多いからです。

ですから、自分の気持ちの奥を探ってそういう課題を見つけたら、その自分を正直に認めた上で、このワークをするときだけは、その課題をいったんは手放しておく必要があります。その課題をクリアにしなければ『人生の書』を利用できない、ということではありません。その課題を解くキーポイントも、『人生の書』から取り出すことができますから。
このワークをするときには、まっさらな気持ちでとことんリラックスし、オープンな感覚でいることが大切なのです。今この時に生きている自分の、もっとも正直な姿を、ありのままにただ眺められるほど、リラックスしてオープンな気持ちでいてください。このときだけは、ありとあらゆる評価を抜きにして、自分を測ろうとする物差しも、美化しようとする見栄も手放していてください。

魂の性質を実生活に活かすきっかけ、という答えを知ったら、それを実行するしないに関わらず、あなたは、自分の人生から顔をそむけていることはできません。「そうはいっても……だけど……でも……」と言い訳をして、自分をごまかすわけにはいかなくなります。ただ同情を引くためだけに、愚痴《ぐち》をこぼして他人の時間を浪費するわけにはいきません。今までのように、おちおち自己憐憫に酔ってもいられません。自分の魂がどんな性質を持っていて、どう生きようと決めて生まれてきたのかを知っただけでなく、それを実現する第一歩まで分かっていたら、もう逃げ道はないのです。人生という舞台の上で、自分で自分にスポットライトを当て続けているようなものです。誰かに相談に乗ってもらうときでも、それは、自分で次の一歩を踏み出すためのきっかけにすぎません。あわよくば他人に何かを決めてもらって、うまくいかなければその人のせいにしようとか、他人の人の良さにつけこんで、その人の上にあぐらをかいてやれ、というようなスケベごころは言語道断なのであります。

あなたの内側にある、自分の力が呼び覚まされるからです。自分にその力があるのに、自分の力を放棄してしまうのは潔《いさぎよ》くないと、自己責任に目覚めてしまうのです。

でも、それは当然です。

これは私の魂。これは私の身体。これは私の感情。これは私の人生。これは私の選択。どれも皆、「私の」ものです。このワークによって、そのことを自覚するようになるからです。それが自己責任です。

自分で自分に責任を持たなくてはならないなんて、そんなの嫌だ、どうしよう、というような気持ちが心の奥にある場合、『人生の書』から答えを得なくてすむように、自分で自分の意識を、内なる源から遠ざけることがあります。それで、『人生の書』にアクセスできたのかどうか、なんだかよく分からない、という感覚だけが残るのです。
自己責任という言葉には、何でもかんでも自分ですべてを背負って、強く自立していなければならないというイメージがありますので、そのイメージに捉われて腰が引けてしまっている人は多いと思います。けれど、次の例えで安心してください。

私はこういう魂の性質を持っている……。その魂の性質を、こんなふうに活かして生きたいと思う。そのことに私は一生懸命になろう……。勇気が必要なときも、思い切って、ほんの少しだけ頑張ってみよう……。自分にできないところは、それができる人に頼んでみよう。私の想いが伝わるように、気持ちよく協力してもらえるように、その人に伝えることができるといいんだけど……。今日も一日、私が私で在りますように……。

こんな感じなら、なんとかできそうな気がしてきませんか？　これで充分に自己責任を果たしているということが、分かっていただけるでしょうか？　自己責任という言葉は硬い感じがしますが、実はそんなに大袈裟《おおげさ》なことではありません。ここでは、自分の魂の性質に誠実に、ひたむきに丁寧に生きるという、さりげない意識の持ち方のことを言っています。

ですから安心して、魂の目的を達してゆくための、日常のささやかな一歩を手に入れてください。あなたにできる一歩しか、最初の一歩ではありえません。そして、その一歩という実際の行動を、したくなって、してみようとして、やろう、という時に、してみればいいだけです。

どうしても今回の人生でできそうになかったら、未来世でもかまいませんが、できれば最初の一歩くらいは、今回の人生でやっておいたほうが楽しいかもしれません。この顔・この声・この身体で生きる人生は、この一回だけですから。

せつない気持ち、寂しい気持ち、悲しい気持ちになる場合

これと関連して、自己責任の課題が妨げとなって『人生の書』から情報を取り出しに

くい場合に、よく起こる感覚があります。魂の性質は心地良く体感できても、そこから『人生の書』にアクセスしようとすると、はっきりした手応えはなくて、ただ、なぜかせつなく、寂しくて悲しい気分になる、というものです。

これについては、少し情緒的な理由があります。私たちの魂は、この魂の目的をまっとうしてゆこうと、喜び勇んで今回の人生に生まれ出てきました。でも、現実の「個」の生活の中で、自分の魂のために責任を果たしてゆくことを避けているとき、魂の視点からは、そういう自分の姿が、今回の人生をただ棄《す》て去ろうとしているのだと見えてしまいます。そんなとき、私たちの魂は、せっかくの今回のこの人生を惜《お》しみます。それを「個」の感情として、寂しさや悲しみとして感じ取っているのです。

今回のこの人生を「生ききろう」と思いますか？

あまり難しく考えないで、こんなふうに思ってみてはどうでしょう？　せっかく外国に旅行に来たのだから、ホテルに閉じこもっていないで、街歩きをしたり、市場をのぞいたり、おいしそうな匂いのするものを食べてみよう……とか。元気があったら、片言《かたこと》の外国語で挨拶をするのも楽しいかも……とか。何か面白いおみやげを見つけられたら

郵便はがき

料金受取人払

豊島局承認

3394

差出有効期間
平成20年3月
15日まで

171-8790

425

東京都豊島区池袋3-9-23

ハート出版 御中

①ご意見・メッセージ 係
②書籍注文 係（裏面お使い下さい）

ご愛読ありがとうございました

ご購入図書名	
ご購入書店名	区 市 町　　書店

●本書を何で知りましたか？

① 新聞・雑誌の広告（媒体名　　　　　　） ② 書店で見て
③ 人にすすめられ　④ 当社の目録　⑤ 当社のホームページ
⑥ 楽天市場　⑦ その他（　　　　　　）

●当社から次にどんな本を期待していますか？

●メッセージ、ご意見などお書き下さい●

ご住所	〒		
お名前	フリガナ	女・男 歳	お子様 有・無
ご職業	・小学生・中学生・高校生・専門学生・大学生・フリーランス・パート ・会社員・公務員・自営業・専業主婦・無職・その他（　　）		
電　話	(　　-　　-　　)	当社からのお知らせ	1．郵送ＯＫ 2．FAX ＯＫ 3．e-mail ＯＫ 4．必要ない
ＦＡＸ	(　　-　　-　　)		
e-mail アドレス	@　　パソコン・携帯		

注文書	お支払いは現品に同封の郵便振替用紙で。(送料実費)	冊数

嬉しいな……とか。

何のことを言っているか、分かりますか？　そう、そういうことです。

動機そのものが原因の場合

そのほかに、『人生の書』にアクセスすることを妨げている原因として、『人生の書』から情報を得ようとする動機そのものがブロックになっていることが挙げられます。

多くの場合、「自分だけが正しい」ということを他人に証明するために、そのよりどころを探そうとしていたり、内なる情報源にアクセスできることで他人に対して優越感を感じたい、というような気持ちが隠れていることがあります。これも、あなたを非難しているわけではありません。自分の気持ちを探って、単なるチェックをしてみてください。このワークをするときだけは、その気持ちを手放しておけばいいだけです。

「すべては一つ」から「個」のあいだの、意識のグラデーションのさまざまな視点に気がつくと、正義は一つだけではないことが分かります。物事は見方によって変わる、ということです。視点の数だけ正義があり、視点の数だけ意味があります。私たちが生きている現実の社会においては、確固たる信念や主義主張が不可欠なことがありますが、このワークでは、「鏡よ鏡……」と、自分が言ってほしいことだけを『人生の書』に言わせようとしても、それは無理な注文というものです。『人生の書』は、善悪も美醜も何の判断もしない、情報の源であるだけです。

また、現実の社会では、誰にでも分かる基準で他者や他社と比較することが必要ですが、すべての人に内なる源があり、誰もが皆そこでつながりあっているわけですから、そういう意味ですべての人が平等です。誰もが、内なる源と一体となり、そこから情報を得られます。誰もができることなので、特にすごいとか偉いということではありません。それで優劣を競おうとしたり、賞賛を得ようとすることは、そもそも無意味ではありませんか?

『人生の書』から情報を得るときには、あらゆる執着心も手放して、意識を身軽にしておく必要があります。何かにこだわる気持ちがなければ、意識を身構えさせることなく、リラックスしていられます。リラックスしていれば、内なる情報源から、そのまま情報を取り出すことができるのです。

自分を守るためにアクセスできない場合

自己防衛のために『人生の書』につながれないこともあります。答えを知ることで、強い悲しみや怒りといった感情が起こり、その激情に飲み込まれて意識が揺らいでしまうのを、自分で防いでいる場合です。

「魂の性質を実生活に活かす最初のきっかけは何？」というような内容の質問から『人生の書』とやりとりを始めた場合には、日常のワンシーンのささやかな情報が答えとしてやってくるので、それほどシビアな課題に直面することはありません。

ただ、「私はどうしてこんな人生を選んで生まれてきてしまったんだろう……」とか、「私はどうしてこんな親の元に生まれてきてしまったんだろう……」というような重い気持ちで答えを得ようとしてしまうと、人生の成長のタイミングとして、まだ答えを得る準備ができていない場合に、『人生の書』から情報を得られないことがあります。

リラックスして、あらゆる先入観をいったん手放していれば、問題の核心に直面できるだけの客観性は保てます。けれど、その問題の核心と呼応する、感情の部分が平静を保つことができないときには、「個」としての自分の精神状態を守るために、私たちの意識は、その核心に迫ることを避けようとします。

「とっても知りたい。だけど知るのは怖い。知ったら耐えられないかも」という物事は、**いずれそのタイミングが来るまでは、無理に知ろうとせずに、今はそっとしておいてやる**のが大人というものではないでしょうか。そして、大丈夫そうなときに大丈夫な分量だけ、少しずつ問題の核心にアプローチしていきましょう。

質問の焦点がズレている場合

最初のきっかけとなる問いかけのあと、質問を展開させてゆくときに手応えがない場合には、その新たな質問の焦点がズレていないかチェックしてみてください。

たとえば、ある人が、自分が経営する会社の売り上げを伸ばすヒントを『人生の書』

から取り出そうとしたとします。その人は、会社の業績が落ち込んでいるのが不安で、その解決方法を知りたいと思っていたとします。けれどこの場合、たとえば、「会社がうまくいっていないから不安」なのではなく、「会社がうまくいかないと、どうやって家族を養っていけばいいのか不安」というのが本当の理由であるとしたら、『人生の書』から直接の答えを取り出すことは難しくなります。

『人生の書』からの情報は、その人にとって受け取りやすい方法で、受け取る必要のある順序でやってきます。最終的に、全体の質問の答えになるように、その人の中ですべて納得のいくように、本人が踏むべきプロセスの順序で情報がやってきます。『人生の書』そのものに人格があるわけではないので、『人生の書』がそのように判断して、気を遣ってしてくれているのではありません。その人の内なる意識が、どういう順序でたどれば最も効果的か、その道順を知っているからです。

ですから、必要な順番で必要な情報を得られるように、まず、その質問をしたいのはどういった理由からか、というところを、自分の心を掘り下げてチェックしてみましょう。そして、やはりリラックスすることです。自分の本音を素直に認められるほどリラックスしていることで、問題の本質に迫る準備ができ、『人生の書』からの情報を受け取ることができます。

そして、この例で言えば、たとえば、「家族を養っていくことができるか不安」↓「経済状況の改善」↓「会社の経営を安定させる」↓「経営のどこに問題があるのか」↓「改善の方向ときっかけ」……という感じで答えの順番をたどることができます。

固定観念や先入観が邪魔をしている場合

『人生の書』からの答えをあらかじめ限定していたり、先入観や執着心を手放しきれないでいる人は、情報が来ているのに、受け取っていない状態であることが多いようです。こういう答えが来るに違いないと決めつけていたり、自分が欲しい答え以外は認めないという隠れた欲求があるために、『人生の書』からの情報をそのまま受け取ろうとしていない状態です。自分で情報をシャットアウトしているような感じです。

内なる源は、私たちが表面の意識で認識できる範囲を超えた、人知を超えた場所でもあるのです。たった一つだけの考えに固執している人にとっては眼からウロコの、ウルトラC技を『人生の書』から取り出せるかもしれません。その答えに今すぐ同意しなければならないこともありませんし、その答えによってあなた自身の「個」の人格が否定されるわけでもありません。ただ、やってくる答えのすべての可能性に対して、オープンであってください。『人生の書』とつながろうとする、そのときだけは、ニュートラルな気持ちでいてください。

ただ真っ暗で、何も受け取れない場合

何も見えないしフィーリングも分からない、なんだか真っ暗な中にいるだけ、という感覚があった人……。

多くの場合、それは、『人生の書』の部分を通り抜けて、アカシックレコード本体の中に意識が入っている状態です。『人生の書』はアカシックレコードの一部なので、そのまま必要な情報が取り出せます。

真っ暗な中にいるという感覚は、自己防衛の一種です。アカシックレコードの本体そのものは、エネルギーの奔流《ほんりゅう》のように捉えることができます。そのものすごさに圧倒されないよう、自分の回りを暗闇で囲って、何も見えないようにして自分の意識を守っている状態です。

暗闇に慣れてくると、たいていは、そのうちに眼の前の暗闇の一部が変化し始めます。渦巻き状になったカメラの絞りが開くときのような感じで、ぽちっと小さな丸い点が現れ、それがだんだん大きな丸に開いていきます。あるいは、暗闇の中に細い切れ込みができて、それが、三日月形から半月形、満月の形になるような感じで大きくなってゆく場合もあります。少しずつ、必要なだけ見えるように、意識が調節している状態です。そして、暗闇に開いた丸窓の向こう側に、何かがごうごうと流れているような動きを見たり感じたりすることがありますが、それが、アカシックレコードに蓄積された情報そのものです。アカシックレコードには、情報はエネルギーの状態で蓄えられています。必要な答えをそこから取り出すときに、それは、言葉や文字やフィーリングといった、自分にとって受け取りやすいものに変換されます。

この状態で情報を得るときには、暗闇に開いた、窓のようなものの向こう側に向かって問いかけのエネルギーを放ちます。釣りをするようなイメージで捉えてみてください。問いかけというルアーを投げると、それに呼応する「答え」という魚がかかって、それを手元に釣りあげるという感じです。

眼の前が暗闇で、その中で紫や緑の色が回っているように見える人は、内なる源からの情報を視覚的に受け取る準備ができている、ということを3章で説明しましたが、その、色が回っているところに向けて、問いかけのエネルギーを放ちます。

多くの場合、回っている色の奥から何かが現れるような感じで、暗闇をスクリーンとして映像がスタートします。シンボルが浮き上がるように見えてくることもあります。

それが自分にとって何を意味しているのか、さらにそこに問いを投げかけることで、『人生の書』とやりとりができます。

内なる源からの情報を視覚的に受け取ろうとする状態のとき、突然、何かの鮮明な画像が、一瞬のフラッシュのように瞬間的に現れて、それで驚いて意識を現実に戻しかけてしまうことがあります。

そういうときは、「わっ！」と思って意識を後ろに引いてしまわずに、ぐっと眼を見開いて対象に近寄るような感覚になってください。その一瞬の画像を意識の力でつかんで静止させ、クローズアップしてみます。しっかりつかんで落ち着いたところで、その画像が展開してゆくのに任せて、それを眺めます。

その内容について何か質問があったら、その映像を意識の力で一時停止するような感じでいったん止め、それからその場面に向かって、問いを投げかけます。こうして『人生の書』とやりとりし、必要な情報を受け取ってください。

『人生の書』から情報を受け取るとき、それは、あなたにとっていちばん受け取りやすい方法でやってきます。あなた自身の内なる源が導いてくれる方法が、あなたのスタイルなのです。

6　二つのイメージワーク

でも、どうしてもどうしても自分のスタイルをつかみにくい、という場合に、やっきになったり焦《あせ》ったり、癇癪《かんしゃく》を起こしてしまわないように、参考として二つのイメージワークを次に紹介しておきます。自分の内なる源とのやりとりに慣れるために、間接的なイメージを使う、世の中に無数にあるワークのうちの一部です。

これは、あくまでも、自分オリジナルの方法に自信が持てないときに参考にするだけのものですので、このイメージワークをヒントにして、あなたの独自のスタイルを手に入れてください。これがテキストだと思ってこだわらずに、あなたの内なるイマジネーションが導く方向を優先させてください。

基本は、これまでと同様、あらゆる先入観を手放して、一〇〇％オープンな気持ちで、リラックスしていることです。

まず一つめは……。

普段、私たちは人生を、過去から現在、未来へと続く時間の流れを使って捉えています。この考え方を利用して、あなたの今の状況を、あなたの人生全体から眺めてみましょう。

この方法は、今あなたに起こっている出来事や、今あなたが抱えている問題を、一時的な感情や今だけの物の見方で限定してしまわずに、今回の人生という大きな流れの一部分として捉えることに役立ちます。今悲しい想いをしているとしても、どうして私はこんな目に遭《あ》うのだろうと悲観してしまわないで、なぜその体験をするのか、人生全体の視点から、その意味を探ってみましょう。意味を知ることによって、つらく思える出来事を成長の糧《かて》にすることができます。

●ワークのバリエーション・その①●

それでは、準備はいいですか?
あなたの身体と気持ちは、ゆったりとくつろいでいますか?

自分の身体が軽く感じられるでしょうか?
鳥の羽根のように……。
タンポポの綿毛のように……。

あなたの身体を、心地良い空気で包んであげてください。
その空気に包まれていると、あなたは、自分が安全だと感じることができます。

ゆったりと呼吸をするたびに、あなたの身体はどんどん軽くなって、ふわりと空気の中に溶けこみます……。

そのまま……イマジネーションの力を使って……気持ちのいい高さまで、飛んでいってみましょう。

そこは……光にあふれた青空の中でしょうか?
きらめく星を眺めながら、宇宙に飛び出してゆきますか?
かぎりなく広がる、あなたの美しい光景の中へ、安心して飛んでゆきます。

ゆっくりした呼吸を続けてください……。
あなたにとって充分な高さまで昇ったら、そっと、下のほうを眺めてみます。
あなたの下に広がる景色を、ただ眺めてみます。

それは、あなたの今回の人生そのものです。

あなた自身の、今の生活が見えるかもしれません……。

その景色は、あなたの人生のさまざまな場面がちりばめられた、大きな地図のように見えるかもしれません……。

あなたの人生は、大きな川の流れとして見えているかもしれませんね……。

この人生の景色に向かって、あなたは、こんな問いかけをしてみます。

「私は、今回の人生のどの部分に、私の魂の性質を活かしているだろうか……？」

すると、その景色の一部が、あなたに合図をするように光を放つかもしれません……。

一部分だけが大きく広がって、そこに何があるか、あなたに見せてくれるかもしれません……。

あなたは、その景色のある場所に引き寄せられるように、そこに降り立つかもしれません……。

そこで自分が何をしているか、自分の姿をそっと見つめることになるかもしれません……。

この景色は、あなたが問いかければ、いろいろな「答え」を見せてくれます。

あなたの今の生活の中で、困難に思えることが起こっているとしたら……。

今までのあなたの生活の中で、あれは過《あやま》ちだったと思えることがあったとしたら……。

それらが、結果として、あなたの人生にどのような作用をしているか、「その結果」にあたる部分を探してみてください。


今の生活で起こっている出来事について、それがなぜ起こり、何を意味していて、その結果どのような未来が導き出されるのか、その流れを見てみてください。

あの時に失敗だったと思った出来事が、実はあなたを、「やりたいこと」のある方向へと、近づけてくれたのかもしれません。


ゆったりと、静かな呼吸を続けながら……。

気持ちよく、たゆたうような気分でいられるあいだ、この場所で好きなだけ過ごしていてください。

どこまでも広がる、大きな大きなあなたの人生を、好きなだけ眺めてみてください。

かけがえのない「私の」人生を、いとしく感じられますか？

充分な時間を過ごせたら、ゆっくり、静かに、現実の自分の中に意識を戻してください。

または、次のような方法も。

充分に身体をリラックスさせて。
自分が今、安心できる空間の中で過ごしていることを感じていてください。

ゆったりとした呼吸をしながら。
準備がよければ、こんなふうに始めます。

●ワークのバリエーション・その②●

三年後のあなた……。
五年後のあなた……。
十年後のあなた……。

何カ月後でも、何年後でもかまいません。
あなたにとって親しみの持ちやすい未来に、想いをはせてみてください。

そして、「未来の自分」の眼から、「今の自分」を振り返ります。

今のあなたが、何か難しい問題に直面していても……。

今のあなたが、何かに行き詰まって、もうお手上げだと感じていても……。

未来のあなたは、自分がそこまでたどり着いた道順を知っています。

どの場所で道に迷いそうになったのか……。

もう道がないと思った場所を、いったいどうやって通ってきたのか……。

未来のあなたは、それを知っています。

未来のあなたに、遠慮なく、何でも質問してみてください。

あなたは、未来の自分が持っている情報を、そのまま受け取ります。

ゆっくりと呼吸をしてください……。
未来の自分と一体となった感覚を感じてください……。
そして、未来の自分がすでに持っている智恵を受け取ります。

こうなってゆく自分……こうなった自分……という感覚を、
未来の自分と一体となった感覚を、
心ゆくまで感じます……。

その達成感や清々しさなど、未来の自分から受け取る感覚を、
今のあなたは、喜んで自分のものにします。

満足できましたか？

それでは……。

未来の自分の立場になって……。

ここまでやってこられた自分を、ほめてあげてください。

よくやったね、と、あなた自身を認めてあげてください。

自分を強く感じられますか？

信頼できる存在だと感じられますか？

「私」という存在があることに感謝しましょう……。

「私」という存在を、心を込めて抱きしめてあげてください……。

そして、ゆっくりと、静かに、今この時へと戻ってきます。

以上、ここまでに、いくつかのワークを紹介してきましたが、それでも、「どうにもこうにも、できません」「にっちもさっちも、いきません」という人はいませんか?

そんなあなたに必要なのは、ただ一つ、休息です。これらのワークに関連する事柄を全て、身の周りや頭の中から追い払って、ただちに休息してください。何事も、煮詰まったら、そこから離れてリセットすることが大切です。

個人のアカシックレコード『人生の書』にしても、アカシックレコード全体にしても、そこから**情報を読み取るために必要なのは、「リラックスしていること、先入観や判断を手放していること、質問が決まっていること」だけです。**これだけなのですが、リラックスしていないかぎりは、どうにもこうにもできませんし、にっちもさっちもいきません。

「できない」という想いにとらわれてしまったら、これらのワークから、いっさい手を引いて、休息してください。それ以外に救命措置はありません。

そして、いつの日か、「魂の性質? 人生の書? それ、何?」というくらい、あなたの頭と心と身体がリフレッシュしたところで、また新たに、これらのワークとお付き合いいただけましたら幸いでございます。

第四部　魂の目的

7　魂の目的を知ったら

このような体験を通したあとで、あらためて自分を振り返ると、自分がなぜこの人生を選んで生まれてきたのかという理由を自覚することができます。今回の人生を生きるにあたって、より効果的に物事を経験するために、自分がどんなシナリオを持って生まれてきたのか、に思い至ります。

内なる源の視点からこの人生を見たときには、魂の目的を達してゆくために必要な資質を養うために、自らこの環境を選んで生まれてきたことも分かります。

意識のグラデーションの中のいくつもの視点から見ると、一つの物事にはたくさんの側面があり、それぞれに意味があります。それが分かると、この人生での生い立ち、人間関係、さまざまな体験について、新たに気が付くことが出てくることでしょう。

日々の生活の中で、折に触れて魂の性質を呼び起こすと、そのような魂の性質を持った「私」という存在が、今回の人生をどのような目的で生きようとしているのか、という原点を思い出すことができます。

そしてまた、私たちはいつでも、自分自身の魂の性質そのものから、チャレンジされ続けていることにも気がつきます。たとえば、人を助けるつもりで、実は彼らを自分に依存させていないか、とか、リーダーシップの責任を負うつもりで、実は権力に酔っていないか、とか。そういった自分の姿をありのままに観察し、その上で、原点に立ち戻ることができます。

今この時のささやかなワンシーンでも、人間関係や仕事との関わりであっても、未来に思い描く夢についても、「私」という存在の在り方が、すべての原点です。

そこから「始まり」ます。

自分の魂の性質に触れ、魂の目的を知ると、内なる力が始動します。意識的に自分の内なる源に気がつくことが、イグニッションキーの役目をするからです。やがて、あなたの内なる力が、源の部分から「個」の意識のところまで、あなたという存在の中に満ちてきます。

それは、情熱のエネルギーとして受け取ることができるでしょう。

情熱という言葉からは、パワフルで活動的な様子を連想しがちですが、魂の性質からやってくる情熱は、アドレナリンが身体をかけめぐるような、激しいものではありません。あなたの内側を芯《しん》の部分からひたひたと満たし、あなたという存在を髪の先まで形作るすべての細胞、すべてのエネルギーにしみとおる、静かに熱い力です。それが、魂の性質からやってくる情熱です。この情熱は、あなたの気持ちをざわめかせることもありませんし、あなたをハイテンションで暴走させることもありません。あくまでも、静かに熱い力なのです。

この情熱のエネルギーによって、あなたは、今日の自分を明日の自分へと変化させてゆきます。今この時の自分という形を、実現させたい次の状態の自分に移行させるとき、静かなる情熱のエネルギーで今の自分を柔らかく溶かし、次の形へ成形し直すのです。実現化のプロセスは、このように捉えることもできます。

これは、たとえば、立方体の氷を、中身をまったく変えずに円錐形にするには、立方体の氷をいったん溶かしてから円錐形の型に入れて固める、というのに似ています。今の自分という氷を溶かすのが内なる情熱で、実現させたい理想の自分という型で固める、という感じです。

このプロセスが完成するまでには、その物事によって、それなりの時間がかかります。けれど、待ちきれなくて、胸の奥から、「これをやりたい」「こうなりたい」という気持ちが、絶《た》えずあなたを急《せ》き立てているように感じられるかもしれません。そういうときには、急いで走り出す前に、実現化のプロセスを思い出してみましょう。

フィーリングとビジョンの力関係がぎくしゃくしていて、最初の一歩を無理に大きく踏み出すと、バランスを崩《くず》して倒れます。あなたは、癇癪を起こして自分の夢を「ボツ」にしてしまうかもしれませんし、「人生の目的なんてどうでもいいや」と、ふてくされてしまうかもしれません。そして、そんな独《ひと》りよがりの自分から離れてゆく友人たちを、「何も分かっていない意識の低いやつだ」と批判することで、やっと自分の立場を取り繕おうとするかもしれません。

そういう展開や、自分がそういう感情になることを、あなたの魂は望んでいるでしょうか？

忘れないでいてください。あなたの内なる源で過ごした、あの心地良いひとときのことを。

ポイントは、あなたにとって、いちばん自然でいちばん楽な、ささやかな一歩からです。ちょっと試しに一歩を出してみる、という感じです。このタイミングではフィーリングとビジョンが安定しそうにないと思ったら、誰のことも振り回さないうちに、いつでもすぐに白紙に戻せるあたりです。出費もたいしてかからないうちに。試すだけならタダ、というところからです。

一歩ずつ一歩ずつ、そのたびに、いろいろな状況判断をしながら。フィーリングとビジョンを整えつつ、時には軌道修正をしながら。あなたの理想の未来が待っている方向へと、着実に進んでいきましょう。そこへ行き着くまでにどれだけの時間がかかるか、期待と現実のあいだにギャップがあるかもしれません。けれど、いずれたどり着くその日まで、魂の性質という、尽きることのないエネルギーで進んでゆくことができます。あなたの内側の静かなる情熱が、あなたの道のりを支えます。

でも、もし、途中で気持ちがくじけてしまいそうになったら……。自分の歩く道のりを楽しめず、周りの風景を眺める余裕もなくなってしまったら……。どんなに頑張ってみても、空回《から》りばかりで先へ進めなくなってしまったら……。

内なる情熱の灯火《ともしび》が消えかけていたら、そんなときに必要なのは、休息です。あなた自身を、状況が許せるかぎり、やさしく休養させてあげてください。やがてまた、あなたは歩み始めます。また歩き始めるのですから、そのために、疲れたときには、あなた自身を休ませてあげてください。

あなたは、どんなときに気持ちが落ち込み、どんなふうにダメージを受けるのでしょうか？　それが意識的に分かっていると、疲れた自分を自分で癒すことができます。気持ちが沈みこんだまま夢の実現をあきらめてしまわないよう、情熱の力を保ち続けることができるよう、自分を助けることができます。そんなヒーリング方法を、知っていて損はありません。

では、このセミナーのしめくくりとして……。

未来へのプロセスを踏んでいるあいだに気持ちがしぼんでしまったら、休息をしたあとで、再び元気を取り戻せるよう、最後に、セルフヒーリングのワークを紹介しましょう。

魂の性質を体感するときには、この世に生まれ出る前の感覚を自分に呼び起こしましたが、ここでは、生まれ出たこの世の中の物事によって体験する感覚を使います。さまざまな物事によって自分がどんな反応を起こすか、その喜怒哀楽のエネルギーに意識的になることで、そのエネルギーを利用するのが、このセルフヒーリングの目的です。

この方法も、あなたのイマジネーションでいろいろに応用がききますので、あなたにとって使いこなしやすいやり方にアレンジしてみてください。

8　セルフヒーリングのワーク

あなたが安心していられる時と場所を選んで、気持ちも身体もリラックスさせてから行います。

そっと眼を閉じて……。
深い呼吸をします。
あなたが落ち着くまで、ゆったりとした深い呼吸をします。

そして、こんなことを試してみましょう。

あなたが、悲しみを感じたときのことを思い出してください。
それは、誰かに拒絶されたときのことかもしれません……。

あなたが、怒りを感じたときのことを思い出してください。
それは、誰かと言い争ったときのことかもしれません……。

失敗して苦い想いをしたときのことが、思い出されるかもしれません。

昨日あったことを思い出すかもしれませんし、長いあいだ忘れていた出来事が、ふとよみがえってくるかもしれません。

心に痛みを感じたときのことを思い出して、その痛みや、つらかった想いを、もう一度あなたの中に感じてください。

その意味は考えずに……。
ただ、その想いを感じます。

相手はどんな人でしたか?
年齢、服装、表情は?
それが起こったのは、いつですか?
場所、時間、そのときの周りの様子は?

あなたが心に痛みを感じたときに関わるすべてのことを、思い出せるかぎり詳しくよみがえらせて、それとともに、あなたの中に、つらかった想いを再現します。

そして……。
自分の状態を観察しましょう。

あなたの姿勢は変化しましたか？
どこか、苦しく感じる部分はありますか？
寒くなったり、熱く感じる場所がありますか？
自分の身体を窮屈に感じますか？
呼吸はどのように変化しましたか？

どんなに細かい変化でも、すみからすみまで自分の身体を観察し、調べてみてください。
自分のダメージを受けやすい部分を知ることは、あなたを癒すための大きな助けとなるのです。

それでは次に……。
楽しかった記憶を、よみがえらせてみましょう。

美しい景色に見とれたこと……。
そよ風が、あなたのおでこを撫《な》でていったこと……。
草や花の、いい香りを思い出すかもしれません。

くつろいだときの気分を思い出すことはできますか？

座り心地のいい椅子に腰かけたときのこと。
一杯の飲み物に、ほっとひと息ついたこと。
かわいい子犬を見かけて思わず微笑《ほほえ》んだり、街で偶然、友人に出会ったり……。
ふと見上げた空が、まぶしく輝いて見えたことも……。

それらは皆、あなたが受け取った、あなたの人生からの贈り物です。

そのときの嬉しい気持ちを、充分に時間をとって、ゆっくり味わってみてください。

ときめく気持ちを、感じてください。

そして、そっと観察してみましょう。

心地良い気分に包まれているとき、あなたは自分の身体をどのように感じていますか?

ふんわりした、やさしい感覚でしょうか?

もし味があるとしたら、ほんのり甘いかもしれません。

どこまでも広がってゆく、自由で雄大な気持ちでしょうか?
楽しくてたまらない気分が、胸の奥からあふれてくるかもしれません。
伸びやかで豊かな感覚を、充分に感じます……。

それから……、
ゆっくり息を吸い込みながら……、
イマジネーションの力を使って、その感覚をあなたの胸元に集めます。
両方の手のひらを合わせるように近づけて、両手のあいだにその感覚を集めるイメージをしてもいいでしょう。

そして……、

静かに、大きく息を吐き出しながら……、
集めたその感覚を、心や身体の、あなたのダメージを受けやすい
場所に向けて注ぎこみます。

あの痛みの部分に、心地良い気持ちを少しずつ混ぜてゆくように
……。

ゆっくり息を吸い込んで……、
静かに息を吐き出しながら……、
気持ちのいい気分を、痛みのある場所にそっと吹き込んで……、
そして満たします。

あなたの心と身体が、心地良く平和な感覚で満たされてゆくのを、
感じてください。

あなたには、自分で自分を癒す力があるのです。
尽きることのない、この可能性にあふれた感覚を、あなた自身に向けてふんだんに使ってあげてください。

ほんわりとした心地良さに包まれて、充分な時間を過ごしたら……。
ゆったりした呼吸をしながら、今この時に生きる自分に戻ってきます。

この余韻にひたりながら……。
そっと、自分で自分の肩を抱きしめてあげてください。
愛情を込めて、両手で自分の頬《ほほ》を包んであげてください。

大切な、大切な「私」です。

たとえ、この世の誰からも愛されていないと感じていても……。
たとえ、この世の誰もが味方でないと感じていても……。

でも、「私」がいます。
「私」がついています。

「私」が好きですか?
「私の人生」が、いとしいですか?

それなら、だいじょうぶ。
この人生は、なかなか捨てたものではありません。

これでセミナーは終わりです。

セミナーの時間は終わりますが、あなたの人生の時間は、これからも続きます。

これから先、もしこのワークが役に立ちそうなことがあったら、そのときはぜひ、あなたの内なる力を使う手助けとして、このワークを思い出してみていただけると嬉しいです。

本日は、セミナー《魂の目的》にお越しくださいまして、どうもありがとうございました。


かけがえのないあなたと、あなたのこの人生に惜しみない感謝を。そして、今回の人生が、あなたにとって素晴らしい旅でありますように——。

エピローグ

セミナーのあとで、私はいつも、ホワイトボードに残った文字を消しながら、このひとときを夢中で過ごした自分の気持ちを静めようとする。私自身が、自分の魂の目的に誠実に過ごせたかを、祈るような気持ちで自分自身に問う時間だ。

このセミナーは、その場かぎりの勢いで終わるものではない。その日以降、人それぞれに、必要に応じて実生活の中で役立ててもらうためのものだ。出会った人たちに、そのきっかけとして自分を捧げることができたかを、私は祈るように自身に問う。

自分の内なる力に気がついた人たちは、やがて、魂の性質を自分の生活の中に表現し始める。

ある人は、その場所や人のエネルギーを「音」に換えて捉え、「音」でコミュニケーションするという自分の性質に意識的になった。その人は実生活で音楽をやっていたが、実は、即興演奏の能力に秀《ひい》でていると定評があったのだ。その人は自分の音楽を、さらに足元から見直し、もっと深く自分の音楽と関わり始めた。

ある人は、自分が、ほかの誰にもできない独特の文体を持つ「言葉の使い手」であることを思い出し、手帳に詩を書きとめたり、インターネット上で日記を公開し始めた。書くことは、その人にとって、人生の苦難の時期を通り抜けて「自分」をつかむための、支えの一つとなった。

これは、彩《いろど》りにあふれたその人の人生の、ほんの一つの側面にしかすぎない。人生の場面ごとに、嬉しいエピソードがある。その人にだけの、大切な真実がある。

そして、あなたにも……。

何かが、ほんの少しずつ、自分が心地良いと感じられる方向に変化してゆくのは、その人がもともと持っていた、その人の力によるものだ。私は多くの人に、その力に気づいてほしいと願う。

一つの人生を生ききることは楽ではない。けれど、自分の内側にもともと持っている「力」にあらためて意識的になることで、この人生を、「選んでよかった」と思えるものにしてほしいと、私は願う。

いずれ、あなたにも私にも、今回の人生に別れを告げるときが訪れる。この人生を生ききるその日まで、私たちは誰もが、「私が私で在ろう」とし続ける。今この瞬間にも……。

このセミナーを体験したあなたが、日々の生活を、今まで以上に楽しめるようになったとしたら、私は嬉しい。人を元気づけたり勇気づけたりしたい、というのが、私自身の魂の目的だからだ。そうすることで、私もまた、この人生を生ききろうとしているからだ。

このひとときを共に過ごしてくださったすべての人に、心からありがとうを言わせてください。

如月マヤ

◇著者◇
如月マヤ（きさらぎ・まや）
1967年生まれ。長野県出身。早稲田大学第一文学部卒業。
歴史上の預言者が利用したという、記録の殿堂アカシックレコード。それは眼には見えないが、誰もが使える情報の源。アカシックレコードを読み取る能力は特別なものではなく、もともと人間に備わった自然な能力であると主張する立場から、1995年より、アカシックレコード・リーディングの力を思い出したい人々のために活動を開始。その過程において、本書の基となった、一連の「魂の性質」に触れるワークを考案した。
著書に『アカシックレコード・リーディング』（ハート出版）がある。

魂の目的　地上に生まれた あなただけの理由

平成18年11月22日　　第1刷発行

著　者　如月マヤ
装　幀　日比野智代（デザイン スタジオ・ブルーベリー）
発行者　日高裕明
発　行　株式会社 ハート出版
〒171-0014 東京都豊島区池袋 3-9-23
TEL03-3590-6077 FAX03-3590-6078
ハート出版ホームページ　http://www.810.co.jp

乱丁、落丁はお取り替えします。その他お気づきの点がございましたら、お知らせください。

Printed in Japan　ISBN4-89295-551-5
印刷・製本 中央精版印刷株式会社